SÃO FRANCISCO DAS CHAGAS

Dois sermões do Pe. Antônio Vieira

FREI CLARÊNCIO NEOTTI, OFM

SÃO FRANCISCO DAS CHAGAS

Dois sermões do Pe. Antônio Vieira

EDITORA
SANTUÁRIO

DIREÇÃO EDITORIAL:
Pe. Fábio Evaristo R. Silva, C.Ss.R.
Pe. José Luís Queimado, C.Ss.R.

REVISÃO:
Sofia Machado

DIAGRAMAÇÃO E CAPA:
José Antonio dos Santos Junior

COORDENAÇÃO EDITORIAL:
Ana Lúcia de Castro Leite

Dados Internacionais de Catalogação na Publicação (CIP)
de acordo com ISBD

N438s Neotti, Clarêncio

São Francisco das chagas: dois sermões do Pe. Antônio Vieira / Clarêncio Neotti. - Aparecida : Editora Santuário, 2023.
96 p. ; 14cm x 21cm

Inclui índice.
ISBN 978-65-5527-342-7

1. Religião. 2. Cristianismo. 3. Sermão. 4. Espiritualidade. 5. Igreja. I. Título

2023-1567 CDD 240
CDU 24

Elaborado por Vagner Rodolfo da Silva - CRB-8/9410

Índice para catálogo sistemático:
1. Religião : Cristianismo 240
2. Religião : Cristianismo 24

1ª impressão

Rua Pe. Claro Monteiro, 342 – 12570-045 – Aparecida-SP
Tel.: 12 3104-2000 – Televendas: 0800 016 00 04
www.editorasantuario.com.br
vendas@editorasantuario.com.br

SUMÁRIO

INTRODUÇÃO

Em setembro de 2024, celebraremos 800 anos da impressão das Chagas de Jesus no corpo de São Francisco de Assis. Francisco tinha pedido com insistência a graça de sofrer a mesma dor que Jesus sofrera na Cruz. Escreve São Boaventura[1]: "Francisco compreendeu que, da mesma forma como havia imitado a Cristo nos principais atos de sua vida, assim também devia conformar-se com ele nos sofrimentos e nas dores da paixão, antes de abandonar esta vida mortal. Não se intimidou. Muito pelo contrário, embora esgotado pelas austeridades e pela cruz do Senhor que ele levara até aí, sentiu-se animado de um novo vigor para submeter-se a esse martírio" (*Legenda Maior* 13,2).

Temos um livro, compilado no final do século XIII e começos do século XIV, que traz o que oralmente se passava de geração em geração do que teriam contado os primeiros companheiros de São Francisco, sobretudo Frei Leão, Frei Egídio e Frei Masseo, intitulado com a palavra italiana *Fioretti*, que em português se diz Florezinhas ou Florinhas. Se não tem o livrinho grande valor histórico, tem valor místico e elucida muito a espiritualidade franciscana.

[1] Boaventura de Bagnoregio (1217-1274): nasceu em Bagnoregio, Itália, e morreu em Lion, na França. Padre franciscano. Ministro geral da Ordem. Poeta, teólogo, místico, professor universitário. Criado cardeal e bispo, representou o Papa no Concílio ecumênico de Lion. Morreu na noite do encerramento do Concílio. Foi declarado doutor da Igreja, em 1588. Sua festa litúrgica se celebra no dia 15 de julho.

A Paixão de Jesus, o Cristo crucificado (e, portanto, as chagas) fazem parte do cerne da espiritualidade vivida e ensinada por São Francisco. No capítulo que fala da estigmatização de São Francisco no Monte Alverne[2], podemos ler: "Era o dia da festa da Santa Cruz[3]. Pela manhã, ainda antes da aurora, São Francisco estava em oração diante da saída de sua cela, voltando a face para o levante, e orava desta forma: 'Ó Senhor meu Jesus Cristo, duas graças te peço que me faças antes de eu morrer: a primeira é que em vida eu sinta na alma e no corpo, quanto for possível, aquelas dores que tu, doce Jesus, suportaste na hora da tua acerbíssima paixão; a segunda é que eu sinta no meu coração, quanto for possível, aquele excessivo amor do qual tu, Filho de Deus, estavas inflamado para voluntariamente suportar uma tal paixão por nós pecadores'. E estando longo tempo nesta oração, compreendeu que Deus o escutaria e que quanto fosse possível a uma simples criatura, tanto lhe seria consentido sentir as preditas dores e o predito amor. Tendo São Francisco esta promessa, começou a contemplar devotissimamente a paixão de Cristo e seu infinito amor. Cresceu tanto nele o fervor da devoção que todo ele se transformou em Jesus pelo amor e pela compaixão" (*Fioretti*, terceira consideração sobre as Chagas).

Cedo, ainda jovem, Francisco percebera que Deus escolhera misteriosamente o caminho do sofrimento como

---

[2] O Monte Alverne (em italiano La Verna) é parte dos Apeninos da Toscana. Chega a 1283m.

[3] 14 de setembro.

via de salvação e de glória. Por isso foi-se apaixonando sempre mais ao longo da vida pelo Cristo humilhado e crucificado. É verdade que se apaixonara também pelo Menino de Belém, pela imensa humildade e total despojamento que o Filho de Deus escolheu para seu natal. Humildade e despojamento que passam pelo Lava-pés, de cuja cena tirou o nome para seus seguidores (Irmãos Menores), e alcançaram a plenitude máxima na Paixão e no Calvário. Na espiritualidade de São Francisco o mistério da gruta de Belém e o mistério da Cruz no Calvário são faces da mesma medalha, inseparáveis.

Por que São Francisco pediu para sofrer os sofrimentos de Cristo na cruz? A razão de existir o sofrimento preocupou as culturas de todos os tempos. O Antigo Testamento ligou muitas vezes o sofrimento ao pecado. A bela novela de Jó foi escrita na tentativa de responder o porquê da existência do sofrimento desligado do pecado. Se o sofrimento fosse consequência de pecado, como pôde o Filho de Deus, Jesus de Nazaré, sofrer tanto física e psiquicamente? Até hoje não se tem uma explicação razoável da existência do sofrimento. Certamente Francisco não pediu o sofrimento por causa do sofrimento. Não era masoquista[4]. Pediu o sofrimento por causa de Jesus sofredor. Se nenhuma cultura encontrou uma resposta satisfatória para a existência do sofrimento e a resposta encontrada no Antigo Testamento não satisfaz, quem crê em Jesus Cristo Filho de Deus e, ao mesmo

[4] Masoquista é a pessoa que busca o sofrimento como forma de satisfação. A palavra deriva de Leopold von Masoch, um autor austríaco que descreveu em livro cenas de pessoas que sofriam este desvio da natureza humana.

tempo, plena criatura humana tem condições de ver o sofrimento de forma positiva. Jesus o escolheu como caminho de santificação e de salvação. E caminhou por esta estrada conscientemente. Ele não explicou o sofrimento. Ele viveu o sofrimento. O sofrimento continua mistério. Mas ganhou com Jesus um significado. Francisco penetrou fundo nesse significado. Não pela razão, mas pela fé conduzida pelo amor.

Em um retiro mensal, em 1974, o Confrade pregador havia passado por tuberculose e outras doenças graves e sofrido uma dezena de cirurgias de alto risco. Ele pregou a conferência sobre o binômio sofrimento/alegria. Uma frase dele: "A palavra e toda a atividade apostólica são falíveis; o sofrimento é infalível". Isso quando o sofrimento, envolto em fé, é sinônimo de cruz. Francisco havia pregado a Palavra por toda a parte. Havia convivido com os pobres mais pobres. Enquanto assim fazia, compreendeu, pela fé, que havia um passo a mais a fazer: crucificar-se na cruz de Jesus, sentir o mesmo sofrimento físico e psíquico que Jesus sofreu na Paixão. Teve a ousadia de pedir este sofrimento. Teve a graça de recebê-lo.

O episódio da estigmatização vem contado pelo Ministro Geral Frei Elias de Cortona (1180-1253)[5], na carta que escreveu a toda a Ordem, comunicando a morte de São Francisco na tarde do dia 3 de outubro de 1226. Cha-

---

[5] Frei Elias de Cortona nasceu em Assis, mas cresceu e morreu em Cortona, Itália. Seu sobrenome é Bonusbaro, mas os frades costumavam assumir como sobrenome a cidade de sua origem. O próprio Francisco assumiu o sobrenome 'de Assis'. O pai era fabricante de colchões em Cortona. Elias se formou em direito e exerceu a advocacia. Foi dos primeiros companheiros de São Francisco. Dotado de grande tino administrativo. Substituiu Francisco no governo da Ordem. Foi ele o construtor do grande Convento que abriga os restos mortais de São Francisco. Não era padre.

ma as chagas de "milagre extraordinário". Transcrevemos adiante o respectivo trecho. É o mais antigo documento que temos e o mais importante pelo cargo que Frei Elias ocupava e por ter ele visto pessoalmente as chagas.

O fato vem narrado com pormenores pelo primeiro biógrafo de Francisco, que conviveu com o Santo e também viu as chagas, Frei Tomás de Celano (1200-1260)[6]. Ele conta o fato tanto na primeira biografia que escreveu quanto na segunda e faz referências em outras passagens, como no encontro de Francisco com o Crucificado de São Damião no início de sua conversão: "Desde esta época domina-o enorme compaixão pelo Crucificado, e podemos julgar piedosamente que os estigmas da paixão, desde então, lhe foram gravados não no corpo, mas no coração" (*2Celano* 10). Prolonga-se sobre a estigmatização no Livro sobre os Milagres de São Francisco.

Transcrevo também o que sobre São Francisco chagado escreveu São Boaventura (1221-1260). Embora ele tenha sido curado por São Francisco em criança, não conviveu com o Santo. Conta-se que a mãe desesperada levou a São Francisco o menino, João moribundo nos braços. Francisco curou o menino, e a mãe exultou em alta voz e passou a chamar o filho de "Boa Ventura" (Sorte grande!). E Boaventura mais tarde estudou na Universidade de Pa-

[6] Tomás nasceu em Celano, nos Abruzos, Itália. Não sabemos quando entrou na Ordem franciscana. Não era padre. Era escritor e poeta. Pertenceu ao grupo de Frades que introduziu o movimento franciscano na Alemanha. Quando se preparava o processo de canonização de São Francisco, em 1227-1228, o papa Gregório IX lhe pediu para escrever uma biografia de São Francisco. Ele a escreveu e é conhecida como *Vida Primeira*, porque logo depois o Ministro Geral lhe pediu para escrever outra, recolhendo fatos importantes que não constavam na primeira. É a chamada *Vida Segunda*. Mais tarde, publicou um terceiro livro, contando os milagres de São Francisco.

ris, fez-se franciscano e chegou a ser eleito o 7º Ministro Geral da Ordem. Foi no tempo em que era Ministro geral da Ordem, já famoso teólogo, poeta, místico e escritor, que escreveu duas biografias de São Francisco: uma mais extensa, conhecida como *Legenda Maior*, e outra mais curta, conhecida como *Legenda Menor*. 'Legenda' é uma palavra latina que significa 'as coisas que devem ser lidas'. O trecho que transcrevemos adiante é da *Legenda Maior*.

Penso que os três autores e os quatro textos se completam. Não faço um estudo histórico. Nem comparativo. Nem literário. Nossa intenção é devocional. A Família Franciscana celebra a festa das Chagas de São Francisco no dia 17 de setembro, com Missa própria. Antes do Evangelho se canta a Sequência. Destaco alguns versos. O texto original é em latim:

Com as chagas adornado,
As transfere ao Santo amado,
Que medita consternado
O mistério da Paixão.

    Todo o corpo é assinalado,
    Mãos e pés, ferido o lado;
    Todo a Cristo conformado,
    Chaga viva se tornou.

Não foi arte da natura
Dos seus membros a abertura,
Nem de ferros a tortura
Que implacável o feriu!

    Maravilha! Surgem cravos,
    Fora negros, dentro flavos

Com sinais profundos, cavos,
Sofre dura, ingente dor.
Pelas chagas que portaste
E do mundo triunfaste,
E da carne te livraste
Em vitória sem igual.
Ó Pai santo, Pai bondoso,
Que teu povo, fiel, piedoso,
Com teus frades, pleno gozo,
Tenham juntos lá nos céus!

Na subida da escada interna do Convento de Santo Antônio, no Largo da Carioca, Rio de Janeiro, há um quadro da morte de São Francisco, atribuído ao pintor e desenhista Frei Francisco Solano Benjamim[7], e um longo poema, escrito por Frei Francisco de São Carlos[8], que ali viveu e morreu. Destaco apenas uma oitava:

Quem não dirá, de assombro suspendido,
Vendo-vos, Serafim crucificado,
Que, ou em vós está Cristo convertido,
Ou estais vós em Cristo transformado!
Se Cristo em cruz por nós morreu ferido,
Por Cristo em cruz morreis também chagado;

[7] Frei Francisco Solano Benjamim nasceu em Itaboraí, RJ, em 1743. Em 1779, entrou na Ordem Franciscana. Era pintor e desenhista. São dele todos os desenhos do famoso livro *Flora Fluminense* publicado por Frei Mariano Veloso. Morreu no Convento de Santo Antônio, no Rio, em dezembro de 1818.

[8] Frei Francisco de São Carlos nasceu no Rio de Janeiro, em 1763. Ainda não tinha 15 anos completos quando pediu ingresso na Ordem Franciscana, em 1778. Foi professor de teologia dogmática. Grande orador, tinha o apelido de 'Sereia do púlpito' por causa de sua figura majestosa e seus gestos expressivos. Como poeta, escreveu o poema *Assunção*. Faleceu no Rio, em 1829.

Se em Cristo chagas fez o amor mais fino,
Em vós chagas abriu o amor divino.

Ainda no Monte Alverne, em setembro de 1224, Francisco escreveu uma oração em agradecimento às chagas que recebera. E a escreveu de próprio punho. Frei Leão que lá estava e presenciara o milagre, anotou na mesma folha: "Dois anos antes de sua morte passou o bem-aventurado Francisco a Quaresma no Monte Alverne em honra da Bem-Aventurada Virgem Maria, Mãe de Deus, e do Bem-Aventurado São Miguel Arcanjo, desde a festa da Assunção da Santa Virgem Maria até a festa de São Miguel em setembro[9]. E fez-se sentir sobre ele a mão do Senhor: depois de uma visão e colóquio com um Serafim, e depois da impressão dos estigmas de Cristo em seu corpo, compôs estes Louvores e os escreveu de próprio punho no verso desta folha, rendendo graças ao Senhor pelo benefício recebido:

Vós sois o santo Senhor e Deus único, que operais maravilhas.
Vós sois o forte.
Vós dois o grande.
Vós sois o Altíssimo.
Vós sois o onipotente, o santo Pai, o Rei do céu e da terra.
Vós sois o Trino e Uno, Senhor e Deus dos deuses.
Vós sois o Bem, todo o Bem, o sumo Bem, Senhor e

[9] 29 de setembro.

Deus, vivo e verdadeiro.
Vós sois a Caridade, o Amor.
Vós sois a Sabedoria.
Vós sois a Humildade.
Vós sois a Paciência.
Vós sois a Segurança.
Vós sois a Serenidade.
Vós sois a Alegria e o Júbilo.
Vós sois a Justiça e a Temperança.
Vós sois a Plenitude da Riqueza.
Vós sois a Beleza.
Vós sois a Mansidão.
Vós sois o Protetor.
Vós sois o Guarda e Defensor.
Vós sois a Fortaleza.
Vós sois o Refúgio.
Vós sois nossa Esperança.
Vós sois nossa Fé e a nossa Caridade.
Vós sois nossa inefável Doçura.
Vós sois nossa Vida eterna, ó grande e maravilhoso Deus, nosso onipotente e misericordioso Redentor".

Essa oração manuscrita de São Francisco se conserva até hoje no Sacro Convento de Assis, onde ele está sepultado.

No dia 17 de setembro de 1983, o papa São João Paulo II visitou o Monte Alverne. Na capela da estigmatização rezou esta oração que, depois, correu o mundo inteiro: "Ó São Francisco, estigmatizado do Monte Alverne, o mundo tem saudades de ti qual imagem de Jesus crucificado.

Tem necessidade do teu coração aberto para Deus e para o homem, dos teus pés descalços e feridos, das tuas mãos traspassadas e implorantes. Tem saudades da tua voz fraca, mas forte pelo poder do Evangelho. Ajuda Francisco, os homens de hoje a reconhecerem o mal do pecado e a procurarem a sua purificação na penitência. Ajuda-os a libertarem-se das próprias estruturas do pecado, que oprimem a sociedade de hoje. Reaviva na consciência dos governantes a urgência da Paz nas Nações e entre os Povos. Infunde nos jovens o teu vigor de vida, capaz de contrastar as insídias das múltiplas culturas da morte. Aos ofendidos por toda espécie de maldade, comunica, Francisco, a tua alegria de saber perdoar. A todos os crucificados pelo sofrimento, pela fome e pela guerra, reabre as portas da esperança. Amém".

São Francisco de Assis é um dos santos mais venerados pelo povo brasileiro. Não estranha, porque os franciscanos foram os únicos missionários nos primeiros 50 anos de Brasil. Vieram com Pedro Álvares Cabral, aqui celebraram a primeira missa, aqui plantaram a primeira cruz, e aqui estão numerosos até hoje. Na verdade, a estátua de São Francisco mais conhecida e mais venerada é a de São Francisco das Chagas. Às Chagas de São Francisco é consagrado o Santuário de Canindé, no Ceará, o maior santuário dedicado a São Francisco no Brasil. A Ordem Franciscana Secular (nos séculos passados chamada Ordem Terceira de São Francisco) costumava dedicar sua igreja a São Francisco das Chagas.

Muitos oradores sacros, sobretudo franciscanos, pregaram sobre o milagre das chagas de Cristo em São Francisco. Frei Francisco do Monte Alverne[10], considerado pela crítica o maior orador sacro nascido no Brasil, publicou ao menos dois de seus sermões, que ele chamou de *panegíricos*, sobre as Chagas de São Francisco. Ambos partem da frase de Jesus: "Aquele que me sacrificar a sua vida, obterá em troco a imortalidade" (Mateus 16,25). Mas clássicos, em todo o sentido da palavra, são os dois sermões do Padre Jesuíta Antônio Vieira. Um proferido em Lisboa, em 1646, e outro proferido em italiano, em Roma, em 1672. Ambos publicados por ele em português. São os dois sermões que publicamos aqui, com algumas notas didáticas no rodapé. Tomamos os textos da edição *Obras Completas*, Lello e Irmãos Editores, Porto 1951.

Quem é o Padre Antônio Vieira? Nasceu em Lisboa, no dia 6 de fevereiro de 1608. Em 1614, a família migrou para o Brasil e se fixou em Salvador da Bahia. Em 1623, entrou na Ordem dos Jesuítas. A esta altura aprendeu a língua dos índios e dos negros angolanos. De 1627 a 1630, lecionou Retórica no Seminário de Olinda. No dia 6 de março de 1633, estreou no púlpito, sendo ainda diácono. No dia 10 de dezembro de 1634 ordenou-se padre. Em 1635, elaborou um manual de Filosofia, que foi usado durante mais de um século nos seminários brasileiros. No dia 13 de junho de 1638, pronunciou seu famoso sermão

[10] Frei Francisco do Monte Alverne nasceu no Rio de Janeiro, em 1784. Em 1801, começou o ano de noviciado na Ordem Franciscana. Ordenou-se padre, em 1808. Foi professor e famoso pregador (inclusive pregador da Casa Real e Imperial Brasileira). Foi ele quem fez o sermão fúnebre da Imperatriz Leopoldina. Ele mesmo recolheu seus principais sermões em quatro volumes. É considerado o maior orador sacro nascido no Brasil (já que o padre Vieira nasceu em Lisboa). Morreu em Niterói, em 1858. No primeiro panegírico sobre as Chagas de São Francisco, Monte Alverne cita uma expressão de um dos sermões do Padre Vieira.

sobre Santo Antônio, afirmando que fora o Santo a expulsar os holandeses da Bahia.

Em fevereiro de 1641, embarcou para Portugal, integrando a embaixada brasileira que levou obediência e apoio a Dom João IV, que conseguira separar Portugal da Espanha. Permaneceu na Europa até novembro de 1652, a serviço da política portuguesa na França, Holanda e Itália.

Em 1646, na Igreja da Natividade, em Lisboa, pregou o primeiro sermão sobre as Chagas de São Francisco, aquele que parte das palavras de Jesus, no Evangelho de Mateus: "Se alguém quiser alistar-se debaixo das minhas bandeiras, há de negar-se a si mesmo, tomar a sua cruz às costas, e seguir-me".

Em novembro de 1652, retornou ao Brasil e foi para as missões do Maranhão, Ceará, Pará e Amazonas. No dia 13 de junho de 1654, pregou em São Luís do Maranhão o famoso Sermão aos Peixes. Três dias depois, embarcou secretamente a Portugal para pedir segurança e proteção para os índios.

Em abril de 1655, retornou ao Maranhão e durante seis anos percorreu as aldeias do Maranhão à ilha do Marajó e de Marajó às corredeiras do Tocantins. O Padre Vieira fizera, ao ordenar-se padre, voto de se dedicar aos índios.

Em 1661, foi expulso do Maranhão juntamente com outros jesuítas e embarcado para Portugal. Sofreu um processo, foi condenado e confinado ao Porto, depois a Coimbra e proibido de pregar. Em 1669, conseguiu licença de ir a Roma. Queria um *Breve* do Papa que o inocentasse de todas as acusações. Em pouco tempo, sua fama de pregador encheu a cidade eterna. Pregou, inclusive, diante do Papa, da cúria romana, do padre geral. Aprendeu tão bem o italiano, que pregava com fluência nessa língua. Em 1672, pregou em italiano, na igreja da Arquiconfraria das Chagas, o segundo sermão sobre as Chagas de São Francisco, aquele que começa com a frase de São Paulo aos colossenses (1,24): "Completo em minha carne as coisas que faltaram à Paixão de Cristo".

Em abril de 1675, consegue o *Breve* do Papa, absolvendo-o de todas as acusações. Voltou a Lisboa com o propósito de publicar seus numerosos sermões. Não encontrando ambiente favorável, embarcou novamente para o Brasil e passou a viver em Salvador, cuidando da publicação de suas obras. Morreu aos quase 90 anos, em Salvador, na noite de 18 para 19 de julho de 1697.

DOCUMENTOS HISTÓRICOS

I.

Carta de Frei Elias de Cortona, Vigário-Geral da Ordem, comunicando aos Frades a morte de São Francisco, escrita logo depois da morte do Santo, na tarde de 3 de outubro de 1226, e é o mais antigo documento sobre as Chagas.

"E agora anuncio-vos uma grande alegria (Lucas 2,10-11) e um milagre extraordinário. Não se ouviu no mundo falar em tal portento, exceto quanto ao Filho de Deus, que é o Cristo Senhor. Algum tempo antes de sua morte, nosso irmão e pai apareceu crucificado, 'trazendo gravadas em seu corpo' (Gálatas 6,17) as cinco chagas que são verdadeiramente 'os Estigmas de Cristo'. Suas mãos e pés estavam traspassados, apresentando um ferimento como que de prego em ambos os lados e havia cicatrizes da cor escura dos pregos. O seu lado parecia traspassado por uma lança e muitas vezes saíam gotas de sangue".

II.

Texto de Tomás de Celano, Vida Primeira, 112-114. Esta biografia foi escrita a pedido do papa Gregório IX, em vista da canonização de São Francisco, que acabou sendo celebrada no dia 16 de julho de 1228.

"A tristeza [pela morte de Francisco] era temperada por um gozo inaudito e a novidade do milagre enchera-os de assombro. Mudou-se o luto em cântico e o pranto em júbilo. Nunca tinham ouvido falar nem tinham lido sobre o que seus olhos estavam agora vendo. Se o testemunho não fosse tão evidente, mal poderiam acreditar. Brilhava nele uma representação da cruz e da paixão do Cordeiro imaculado, que lavou os crimes do mundo, parecendo que tinha sido tirado havia pouco da cruz, tendo as mãos e os pés atravessados pelos cravos e o lado como que ferido por uma lança.

Contemplavam sua pele, escura em vida, brilhando de brancura, e confirmando por sua beleza o prêmio da bem-aventurada ressurreição. Viam seu rosto como o de um anjo, como se estivesse vivo e não morto, e seus outros membros tinham adquirido a flexibilidade e a contextura de uma criança nova. Seus nervos não se contraíram, como acontece com os mortos, não se endureceu a pele nem se enrijeceram os membros, mas dobravam para onde se quisesse.

Resplandecendo esta admirável beleza diante de todos os que assistiam, e como a sua carne tinha ficado mais alva, era admirável ver em suas mãos e pés não as feridas dos cravos, mas os próprios cravos, formados por sua carne, com a cor escura do ferro, e seu lado direito rubro de sangue. Os sinais do martírio não incutiam horror nos que olhavam, mas emprestavam muita beleza e graça, como pedrinhas pretas em um pavimento branco.

Acorriam os frades seus filhos e, chorando, beijavam as mãos e os pés do piedoso pai que os deixava, e também o lado direito, cuja chaga era uma lembrança preclara daquele que também derramou sangue e água desse mesmo lugar e assim nos reconciliou com o Pai. Para as pessoas do povo era o maior favor serem admitidas não só para beijar, mas até só para ver os sagrados estigmas de Jesus Cristo, que São Francisco trazia em seu corpo.

Diante dessa visão, todos eram levados mais à alegria do que ao pranto, e se alguém chorava era mais pelo gozo do que pela dor. Quem teria um coração de ferro para ficar sem gemer? Quem teria um coração de pedra, que não se partisse de compunção, não se acendesse pelo amor divino, não se enchesse de boa vontade? Quem haveria tão duro e insensível que não chegasse a entender que o santo, honrado na terra por esse privilégio especial, não seria engrandecido no céu com uma glória inefável?

Era um dom singular e um sinal de predileção estar o soldado ornado com as mesmas armas gloriosas que cabiam unicamente ao Rei pela excelentíssima dignidade. Milagre digno de eterna memória, prodígio para ser admirado reverentemente sem cessar, porque representa aos olhos da fé o mistério em que o sangue do Cordeiro imaculado correu copiosamente pelas cinco chagas e lavou os crimes do mundo! Decoro sublime da cruz que dá vida aos mortos, cujo peso é tão leve e a ferida tão suave que faz o corpo morto reviver e dá força ao espírito combalido! Amou-te muito aquele que ornaste com tanta glória! Glória e bênção sejam dadas só a Deus sábio que renova os sinais e muda as maravilhas, para que a mente dos enfermos se console com as novas revelações, e para que, pela obra admirável das coisas visíveis, seja coração, seja arrebatado de amor pelas coisas invisíveis! Estupendo e admirável desígnio de Deus! Para não haver desculpa alguma para nossa dúvida diante da raridade do prodígio, quis primeiro realizar num habitante do céu o milagre que ele ia fazer pouco depois num homem da terra. Certamente o Pai de misericórdia quis mostrar o quanto é digno de recompensa quem procura amá-lo de todo o coração, pois o colocou numa ordem de espíritos supercelestes, mais elevada e mais perto de si".

III.

Texto de Tomás de Celano, do livro Tratado dos Milagres, 2.4-5

O homem novo, Francisco, tornou-se famoso por um novo e estupendo milagre: por um singular privilégio, jamais concedido nos séculos anteriores, ele foi marcado, ou ornado, com os sagrados estigmas "tornando-se semelhante em seu corpo mortal ao do Crucificado" (Romanos 7,24). Tudo o que se possa humanamente dizer dele sempre estará aquém do louvor de que ele é digno. Inútil procurar as razões de um tal milagre: podemos apenas admirar. Inútil procurar precedentes: ele é único.

Eis como aconteceu a aparição. Dois anos antes de entregar sua alma ao céu, teve uma visão de Deus, em que viu um homem, com aparência de Serafim, de seis asas, o qual pairou acima dele com os braços abertos e os pés juntos, pregado em uma cruz. Duas asas elevavam-se sobre a cabeça, duas estendiam-se para voar e duas cobriam o corpo inteiro. Quando o Servo do Altíssimo viu isso, ficou sobremaneira admirado, mas não compreendia o sentido dela. Sentia um grande prazer e uma enorme alegria por ver que o Serafim olhava para ele com bondade e afável respeito. Sua beleza era indizível, mas o fato de estar pregado na cruz e a crueldade de sua paixão atormentava-o imensamente. De modo que se levantou triste e, ao mesmo tempo, alegre, alternando em si os sentimentos de alegria e de dor. Tentava descobrir o significado da visão e seu espírito estava muito ansioso para compreender o seu sentido. Sua inteligência não chegara ainda a nenhuma clareza, mas seu coração estava inteiramente dominado por esta visão, quando em suas mãos e seus pés começaram a aparecer, assim como as vira antes no homem crucificado, as marcas de quatro cravos.

Suas mãos e pés subitamente apareceram atravessados bem no meio por cravos, surgindo as cabeças no interior das mãos e em cima dos pés, com as pontas saindo do outro lado. Os sinais eram redondos no interior das mãos e longos do lado de fora, deixando à mostra um pedaço de carne como se fossem pontas de cravos entortadas e rebatidas, saindo da carne. Também nos pés viam-se os sinais dos cravos, sobressaindo da carne. O lado direito parecia atravessado por uma lança, com uma cicatriz fechada que muitas vezes sangrava, de maneira que a sua túnica e suas calças estavam muitas vezes banhadas no sagrado sangue.

O homem de Deus Frei Rufino, de pureza angélica, quando certa vez tratava as feridas do Santo com filial afeto, escapando-lhe a mão, tocou-lhe a chaga. Não pouco sofreu o Servo de Deus com isso e, afastando de si a mão, pediu gemendo que o Senhor lhe perdoasse.

Dois anos se passaram, e Francisco em sua feliz morte, trocou este vale de lágrimas pela pátria celeste. A notícia do estupendo milagre chegou ao conhecimento do povo, e as pessoas acorriam em multidões, louvando e glorificando o nome do Senhor. Toda a cidade de Assis e toda a província se precipitaram ávidas de contemplar esse espetáculo inaudito realizado por Deus havia pouco. A novidade do milagre transformava o pranto em júbilo e arrebatava os olhos corporais em estupor e êxtase. Contemplavam o corpo bendito, que se tornara precioso pelos estigmas de Cristo, viam nas mãos e nos pés não os furos dos cravos, mas os próprios cravos formados, por divino poder, de sua própria carne, de modo que, pressionados de qualquer parte, reagiam logo ressaltando de outra parte. Podia-se ver igualmente seu lado direito banhado na púrpura de seu sangue.

O que acabamos de afirmar, “nós vimos. E tocamos com nossas mãos” (1João 1,1-4; cf. João 3,11) aquilo que nossas mãos aqui descrevem; com os olhos cheios de lágrimas registramos aquilo que nossos lábios atestam; e sustentamos sempre a verdade daquilo que outrora juramos com a mão sobre os objetos sagrados. Diversos de nossos irmãos, durante a vida do Santo, tinham percebido seus estigmas. No dia de sua morte, mais de quinhentos irmãos e incontáveis fiéis puderam venerá-los. Portanto, não pode haver margem ao ceticismo. Ninguém ponha em dúvida esta graça do Amor eterno”.

IV.

Texto de São Boaventura, da Legenda Maior, 13,3.

“Transportado em Deus pelo desejo de seráfico amor e transformado, por compaixão, naquele que, em seu excesso de amor, quis ser crucificado, rezava um dia Francisco numa gruta do Monte Alverne, estando próxima a festa da Exaltação da Santa Cruz; e eis que ele viu descer do céu um serafim de seis asas brilhantes como fogo. Em um rápido voo chegou ele ao lugar onde estava o homem de Deus, e apareceu então uma personagem entre as asas: era um homem crucificado, com as mãos e os pés estendidos e presos a uma cruz. Esta aparição fez Francisco mergulhar num profundo êxtase, enquanto em seu coração sentia um gozo extraordinário mesclado com certa dor. Porque, em primeiro lugar, via-se inundado de alegria com aquele admirável espetáculo, no qual se gloriava de contemplar a Cristo sob a forma de um serafim, mas ao mesmo tempo a vista da cruz atravessava sua alma com a espada de uma dor compassiva. Era grande sua admiração diante de semelhante visão, pois não ignorava que os sofrimentos da paixão eram incompatíveis com a imortalidade dos espíritos celestes. Veio então a conhecer por revelação divina que essa visão lhe havia sido providencialmente apresentada para que, como amante de Cristo, compreendesse que devia transformar-se totalmente nele, não tanto pelo martírio corporal quanto pelas chamas do amor de seu espírito. Ao desaparecer, aquela visão deixou no coração de Francisco um ardor admirável e imprimiu em seu corpo uma imagem não menos maravilhosa, pois no mesmo instante começaram a aparecer em suas mãos e seus pés os sinais dos cravos, iguais em tudo ao que antes havia visto na imagem do serafim crucificado. E assim era na verdade, porque suas mãos e seus pés estavam atravessados por grossos cravos, cuja cabeça aparecia na parte interior das mãos e superior dos pés, ficando as pontas aparecendo do outro lado. A cabeça dos cravos era redonda e negra; as pontas bastante longas e afiadas e com evidentes sinais de haver sido retorcidas, resultando daí que os cravos sobressaíam do resto da carne. De igual modo, no lado direito do corpo do santo aparecia, como formada por uma lança, uma cicatriz vermelha, da qual brotava às vezes tanto sangue que chegava a umedecer a túnica e as roupas internas.

Era impossível esconder por muito tempo aos irmãos com quem vivia os estigmas impressos de modo tão visível; o servo de Cristo compreendia essa estranha realidade, mas temia que se divulgasse desse modo o segredo do Senhor, e sua alma ficou numa angustiosa incerteza, não sabendo se devia manifestar ou ocultar a visão que tivera. Chamou, então, alguns de seus irmãos, e falando-lhes em termos gerais, propôs-lhes sua dúvida e pediu-lhes conselho. Um deles, chamado Iluminado, que algo extraordinário Francisco teria visto, pois notava nele certa admiração e confusão, disse-lhe: "Caríssimo irmão, deves saber que te são revelados algumas vezes certos segredos divinos não só para teu benefício, mas também para proveito dos outros. Deves temer, portanto, que, se ocultas as graças que recebeste para utilidade de teus semelhantes, sejas julgado digno de repreensão como de fraudador dos talentos recebidos". Ao ouvir estas palavras, ficou o santo comovido, pois costumava dizer: "Meu segredo é para mim". Então julgou, não sem temor, que deveria referir detalhadamente a visão que tivera, acrescentando que aquele que lhe aparecera várias vezes lhe revelou algumas coisas que jamais daria a conhecer a mortal algum enquanto vivesse. Devemos, pois, supor que essas palavras do serafim em cruz são tão profundas e misteriosas que fazem parte daquelas de que o Apóstolo afirma: "Não é permitido aos homens repeti-las". Desta forma o verdadeiro amor de Cristo transformara o amante na própria imagem do amado.

Completaram-se então os quarenta dias que ele se propusera passar na solidão e chegou a solenidade do arcanjo São Miguel. Por isso Francisco desceu do monte trazendo em si a imagem do Crucificado, não, porém, esculpida em tábuas de pedra, ou de madeira por mão de algum artífice, mas marcada em sua carne pelo dedo de Deus vivo. Sabendo que é "coisa boa esconder o segredo do rei" (Tobias 12,7), ele, sabedor do real segredo, ocultava o mais possível aqueles sinais sagrados. Cabe, porém, a Deus revelar para a própria glória os prodígios que ele realiza e por isso o próprio Deus que imprimira aqueles sinais ocultamente, tornou-os conhecidos através dos milagres, a fim de que a força oculta e maravilhosa daqueles estigmas se revelasse claramente pelos sinais".

PRIMEIRO SERMÃO DO PADRE VIEIRA SOBRE AS CHAGAS DE SÃO FRANCISCO

Pregado em Lisboa, na Igreja da Natividade, ano 1646

Si quis vult post me venire, abneget semetipsum,
tollat crucem suam et sequatur me (Mt 16,24)

I.

As cinco coisas que aconselha Cristo no Evangelho de hoje.

Se alguém quiser alistar-se debaixo das minhas bandeiras – diz Cristo Redentor nosso – há de negar-se a si mesmo, tomar a sua cruz às costas, e seguir-me.

Cinco coisas, se bem advertimos, faz Cristo nas palavras deste texto, as quais, não sem grande mistério, no dia e solenidade em que as lemos, são nem mais nem menos contadamente cinco: duvida uma, supõe outra, e aconselha três. Duvida se haverá quem o queira seguir: *Si quis vult post me venire*[11]. Supõe que todos têm sua cruz: *Crucem*

[11] Se alguém quer vir após mim.

suam[12]. E aconselha que nos neguemos a nós mesmos: *Abneget semetipsum*[13]; que tomemos nossa cruz às costas: *Tollat crucem suam*[14]; que vamos em seguimento seu: *Et sequatur me*[15].

II.

Por que põe em dúvida o Senhor se haverá alguém que o queira seguir? A verdadeira regra de quem quer a salvação. A mais notável sentença que Cristo disse. Que quer dizer que nos neguemos a nós mesmos? Que leve será a cruz a quem se tiver negado primeiro. A nossa cruz e a cruz alheia. O exemplo de São Francisco de Assis, estampa a vida de Cristo.

Si quis vult: Cuidava eu que não havia coisa mais universal no mundo que quererem todos salvar-se, mas parece que devem de ser mui poucos os que o querem, pois Cristo põe em dúvida se haveria alguém: *Si quis vult*. O certo é que todos nós nos queremos salvar, mas salvar-nos como queremos, e isto não é querer salvação. Quereis saber se vos quereis salvar? Vede se fazeis pela salvação o que costumais fazer pelo que muito quereis. E se esta é a verdadeira regra do querer, poucos somos os que verda-

[12] Sua cruz.
[13] Negue-se a si mesmo.
[14] Tome a sua cruz.
[15] E me siga.

deiramente queremos salvar-nos. Queremos e não queremos. Em nenhum entendimento cabe esta contradição, e cabe nas nossas vontades: *Vult et non vult piger* (Provérbios 13,4), diz o Espírito Santo[16]: O homem preguiçoso e irresoluto quer e não quer. Quer, porque quer o fim: *vult*; não quer, porque não quer aplicar os meios: *non vult*. Assim somos nós: queremos e não queremos. Queremos ir ao céu, mas não queremos ir por onde se vai para o céu. No caminho do inferno se vê isto melhor. Ninguém vai ao inferno por sua vontade, e ninguém vai ao inferno senão por sua vontade. Por isso Cristo não duvida do querer senão do querer ir após ele: *Si quis vult post me venire*. O querer e o seguir há de ser conformemente para a mesma parte, que ir a vontade para uma parte, e os passos para outra, é não querer seguir. Não vistes os que remam nas galés, como levam os olhos em uma parte, e a proa em outra? Assim somos nós ao remo desta vida. Se perguntarmos aos nossos desejos onde têm os olhos: no céu. Se olharmos para nossas ações onde levam a proa: no inferno. Eis aqui como queremos.

Abneget semetipsum: Se alguém quer ir após mim, diz o Senhor, negue-se a si mesmo. Porventura[17] que é esta a mais notável sentença que Cristo disse. Que quer dizer que nos neguemos a nós mesmos? Quer dizer que nos hajamos conosco como se não fôramos nós. Eu, que me haja comigo como se não fora eu; vós, que vos hajais

[16] Espírito Santo está por Sagrada Escritura. Tradução da frase: O preguiçoso quer e não quer. O texto é da Vulgata, ou seja, da tradução que São Jerônimo fez para o latim. O papa São Paulo VI, a pedido do Concílio Vaticano II, mandou fazer uma revisão da Vulgata. A frase citada por Vieira, na Vulgata revisada, soa assim: Vult et non habit piger, ou seja, O preguiçoso quer, mas nada consegue.
[17] Hoje diríamos: certamente que.

convosco como se não fôreis vós. Oh! Que documento tão divino para o bem e para o mal! Se as nossas prosperidades nos vieram como se foram de outrem, que pouco nos haviam de desvanecer! E se as nossas adversidades as tomáramos como se não foram nossas, que pouco nos haviam de molestar! O verdadeiro amigo dizem que é outro eu; o verdadeiro cristão diz Cristo que há de ser um não-eu: *Abneget semetipsum*. O verdadeiro amigo é outro eu, porque se há de haver nas coisas do amigo, como se foram próprias; o verdadeiro cristão é um não-eu, porque se há de haver nas coisas próprias como se foram alheias. Ao próximo diz Cristo que tratemos como nós mesmos, e a nós que nos tratemos como se não fôramos nós. Nestes dois pontos se encerra toda a perfeição evangélica: aos outros, como se fora eu, a mim como se eu fora outro. E que vida tão descansada fora a nossa, se assim vivêramos! Que fácil fora a paciência nas injúrias! Que igual a conformidade nos trabalhos! Que moderado o apetite nas pretensões! Que comedido o desejo nos afetos! Enfim, que senhores fôramos de nós mesmos e da fortuna! Mas porque não nos desapegamos de nós, vimos a andar pegados a tudo, e por isso nos embaraça tudo. Negar-se a si mesmo, dizem que é a maior fineza; e não sei eu comodidade maior; dizem que é o maior ato de amor de Deus, e eu o tenho pela maior destreza do amor-próprio. Só se sabe querer bem quem se sabe livrar de si.

Ao *abneget semetipsum* ajunta Cristo o *tollat crucem suam*. E que leve será a cruz, a quem se tiver negado primeiro! A nossa cruz não tem mais peso que o que nós lhe damos. Se na nossa cruz nos não leváramos a nós, pouco teríamos que levar. Do peso de si mesmo, e não do da cruz, se queixava Jó: *Factus sum mihimetipsi gravis* (Jó 7,20)[18] e não foi Jó o que menos cruz levou neste mundo. *Tollat crucem suam*: só a nossa cruz nos manda levar Cristo: bendito ele seja! E quantos há que todos se cansam em levar as cruzes alheias? Até nas cruzes há ambição, onde parece que tinha só lugar a paciência. Que aliviado andara o mundo, e que bem governado, se cada um se contentara com levar a sua cruz! Se Deus vos cortou a vossa cruz pela medida de vossos ombros, para que quereis tomar outras, com que pode ser que não possais? Mas é engano natural este, com que nascemos, que sempre ou as cruzes alheias nos parecem as mais leves, ou os ombros próprios os mais robustos. Assaz[19] fará cada um em levar a sua cruz, sem cansar nem cair. Cristo houve mister[20] quem o ajudasse a levar a sua, e nós cuidamos que podemos levar as nossas e mais as alheias. A causa cuido eu que é porque olhamos para os títulos das cruzes, e não para o peso delas. Pois, crede-me, que as que parecem mais para cobiçar são as que têm mais que temer. Não vedes que as mais preciosas são as mais pesadas?

Crucem suam: Supõe Cristo que todos têm sua cruz, e, se com olhos desapaixonados dermos uma volta ao mundo, acharemos que é assim. Que estado há no mundo, desde o mais alto ao mais humilde, desde o mais livre ao mais sujeito, desde o mais abundante ao mais pobre, desde o

[18] Tornei-me um peso para mim mesmo.
[19] Bastante, muito.
[20] Teve necessidade, precisou.

mais apetecido ao mais desprezado, que, ou por fora, ou por dentro não tenha sua cruz? Umas vemos, outras não vemos, e as menos visíveis são ordinariamente as mais pesadas, porque são as mais interiores, e as que carregam só na alma. É este mundo como o Monte Calvário, em que se acham todos os estados, e todos com cruz, como noutra ocasião ponderamos[21]. Mas somos nós tão mal aconselhados que, não podendo deixar de a levar – pois todos a temos –, sofremos o peso, e perdemos o merecimento, porque a não queremos levar em seguimento de Cristo. Se, por deixarmos de seguir a Cristo, tiráramos a cruz dos ombros, ainda tinha alguma desculpa a nossa ingratidão, ou nossa fraqueza; mas a desgraça é que quanto mais nos afastamos do seguimento de Cristo, tanto mais cresce o peso à nossa cruz. Nenhuma coisa quisera no mundo, senão uma balança fiel, em que os que seguem a vaidade e os que seguem a Cristo vieram[22] pesar suas cruzes. Oh! que enganados se haviam de achar uns, e que consolados outros! *Mihi mundus crucifixus est, et ego mundo* (Gálatas 6,14)[23]. Paulo tem cruz, e o mundo tem cruz, mas quanta diferença vai da cruz do mundo à cruz de Paulo. Se os homens acabáramos de conhecer esta verdade[24], eu vos prometo que o mundo trocara a sua cruz pela cruz de Paulo. Mas a cegueira é que, entre os que têm a profissão de Paulo, não falta – ainda mal! – quem queira trocar a sua cruz pela cruz do mundo. Gente duas vezes mofina[25], que,

---

[21] Vieira se refere a outro sermão pregado na mesma igreja.
[22] Hoje diríamos 'viessem'.
[23] O mundo está crucificado para mim e eu para o mundo.
[24] Hoje diríamos: Se nós homens conhecêssemos esta verdade, eu vos garanto que o mundo trocaria a sua cruz pela cruz de Paulo.
[25] Infeliz, desditosa.

por não levar uma cruz com Cristo, vêm a levar ambas sem Cristo.

Que diferentemente entendeu esta filosofia aquele serafim humano, aquele vivo crucificado, aquele cruz e crucifixo de si mesmo, o glorioso patriarca São Francisco! Negou-se a si, tomou a sua cruz às costas, e seguiu tão de perto a Cristo que, de muito chegado e unido, apareceu hoje com uma viva estampa sua, com as cinco chagas abertas. Pasmou o mundo, assombrado de tão nunca vista maravilha; pasmou a natureza, e pasmou a mesma graça; e nós, para que possamos também pasmar, vamos ponderando cláusula por cláusula o nosso texto, sem sair dele.

III.

Por que não diz Cristo: quem me quiser seguir tome a minha cruz, senão tome a sua? Por que diz o Senhor que não há de dar a sua glória a outrem? De que glória falava? Da glória que padecia ou da glória que gozava?

A primeira, em que reparo, é o *tollat crucem suam.* Manda-nos Cristo que tomemos a nossa cruz, e o sigamos a ele. O exemplo há de ser seu, e a cruz há de ser nossa. E não seria melhor que, assim como a pessoa a que havemos de seguir é a de Cristo, assim a cruz que havemos de levar fosse também de Cristo? Parece que sim. Pois, por que não diz Cristo: Quem me quiser seguir, tome a minha cruz, senão tome a sua: *Tollat crucem suam*? A razão é porque estima Cristo tanto a sua cruz, que a não quer dar a outrem. Como se dissera o Senhor: Quem quiser seguir-me, tome a cruz, mas esta cruz há de ser a sua, que a minha não a dou a ninguém. Não estimo eu tão pouco os tormentos e instrumentos de minha Paixão, que os haja de dar a outrem.

Diz o mesmo Senhor que a sua glória não há de dar a outrem: *Gloriam meam alteri non dabo* (Isaías 42,8)[26]. Parece dificultoso este texto, porque Cristo oferece a sua glória a todos os que a quiserem, e dá-a a todos os que a ganham; antes, só para nos dar a sua glória, veio do céu à terra, e a glória que mereceu foi para nós, e não para si, porque para si não a podia merecer. Pois, por que diz que não há de dar a sua glória: *Gloriam meam alteri non dabo*? Com outro lugar entenderemos este. Antes de Cristo entrar na batalha de sua Paixão, fez oração ao Padre[27], e disse: *Glorifica me, Pater* (João 17,5): Padre meu, glorificai-me. Cristo não estava glorificado, e não era glorioso desde o instante de sua conceição? Sim, era. Pois, se tinha já a glória, como pedia ao Padre que lha desse? Direi: Cristo, Senhor nosso, neste mundo tinha duas glórias: uma glória que se gozava, outra glória que se padecia. A glória que se gozava era a glória da visão, que consistia na bem-aventurança de ver a Deus; a gló-

[26] Não darei a outro minha glória.
[27] Neste sermão Vieira emprega várias vezes Padre no lugar de Pai, como era costume denominar Deus no português antigo.

ria que se padecia era a glória da Paixão, que consistia nos tormentos que Cristo padeceu pelos homens; e, ainda que Cristo teve a primeira glória desde o instante de sua conceição, a segunda não a teve, senão no dia de sua paixão, e esta é a glória que pedia a seu Padre: *Pater, glorifica me.*

Mas como pode ser que a Paixão de Cristo fosse para ele glória? Esta dúvida teve São João Crisóstomo[28], e perguntou assim ao mesmo Cristo: *Ad crucem raperis cum praedonibus, et hoc gloriam appellas?*[29] É possível, Senhor, que ides a ser pregado em uma cruz entre dois ladrões, e a isto chamais glória? *Ita quidem, pro dilectis enim patior*[30]. Sim, responde Cristo, é minha glória essa cruz e esses tormentos, porque os padeço por aqueles a quem amo. Quem padece muito pelo que muito ama, a sua cruz é a sua glória. De maneira que Cristo era duas vezes glorioso: uma pela glória da visão, com que sempre via e gozava de Deus; outra vez pela glória da Paixão, com que padecia pelos homens. E estimava Cristo a glória que padecia, tanto mais que a glória que gozava, que da glória que gozava era tão liberal, que a dava a todos, e da glória que padecia era tão avarento que a quis só

[28] São João Crisóstomo (344-407) estudou eloquência e filosofia, especializou-se no estudo do Evangelho. Foi brilhante advogado. Fez-se eremita. Vários amigos se juntaram a ele. Apontado para bispo, fugiu e se escondeu até que a sede episcopal fosse ocupada por outro. Aos 43 anos ordenou-se padre. Tornou-se conhecido como pregador e defensor dos pobres. Foi feito bispo de Constantinopla em 398, capital do oriente romano. Dedicou-se à reforma do clero e ao amparo dos estrangeiros e pobres. Seu grande prestígio provocou a inveja dos grandes. Sofreu dois exílios, morrendo no segundo aos 63 anos. Ganhou do povo o apelido de 'Crisóstomo', que significa 'Boca de Ouro'. Seus sermões discorrem sobre quase todos os livros da Bíblia. Foi declarado Doutor da Igreja e sua festa se celebra no dia 13 de setembro.

[29] Estás preso com ladrões e a isto chamas glória?

[30] Isto mesmo: sofro por aqueles que eu amo.

para si: *Gloriam meam alteri non dabo.* A glória da visão, a glória de ver a Deus, essa seja glória vossa: gozai-a todos quantos quiserdes; mas a glória da Paixão, a glória de padecer pelos homens, esta é glória só minha: não a hei de dar a ninguém. Por isso, quando fala na cruz, diz: Tome cada um a sua, que a minha é só para mim: *Tollat crucem suam.*

IV.

Concedendo Cristo a São Francisco as cinco chagas da sua Paixão, admitiu-o a uma glória a que não quis admitir nem aos homens nem aos anjos nem ao mesmo Deus. Por que não quis Cristo a nenhum dos discípulos consigo em sua Paixão, nem tampouco aos anjos? Por que diz Cristo publicamente que o Pai o desamparou? Os testemunhos de Davi e de Isaías. A glória das chagas, a maior glória de Cristo.

E, sendo isto assim, sendo Cristo tão avarento – deixai-mo outra vez dizer com esta palavra – de seus tormentos, e das glórias de sua Paixão, amou o Senhor tanto a São Francisco, que lhe deu a melhor parte de sua glória, e a maior glória de sua Paixão, que são as cinco chagas que lhe imprimiu no corpo. Língua seráfica era necessária para ponderar este favor; mas para que a capacidade humana a rasteie[31] de alguma maneira, vede o que digo. Digo que, em conceder Cristo a São Francisco esta parte de sua Paixão, admitiu-o a uma glória a que não quis admitir nem aos homens nem aos anjos nem ao mesmo Deus. Ora, dai-me atenção.

Vão os soldados prender a Cristo ao Horto, onde o Senhor estava com seus discípulos, e, dando-lhes licença para que o levassem preso, disse, olhando para os apóstolos: *Si ergo a me quaeritis, sinite hos abire* (João 18,8): Se me buscais a mim, deixai ir a estes. Pergunto: E por que não deixou Cristo que os judeus prendessem alguns de seus discípulos, para que morressem juntamente com ele? Não era mui conveniente que houvesse algum dos que seguiam a sua doutrina que desse a vida pela verdade dela? E que, já que havia um Judas, que o vendeu, houvesse um Pedro, que o acompanhasse? Se Cristo havia de morrer entre dois ladrões, se havia de ter de uma parte a Dimas[32], e de outra a Gestas, não fora mais decente que morrera entre dois apóstolos, e que tivera de uma parte a João e de outra parte a Pedro? Logo, por que não quis Cristo consigo a nenhum dos discípulos em sua Paixão? Porque queria toda a Paixão para si. Se algum dos discípulos fora preso juntamente com Cristo, repartira-se com ele parte do ódio dos tiranos; pois, para que as penas ou a

---

[31] Rastear: ir atrás do rasto de alguém ou de alguma coisa até encontrar; investigar alguma coisa ou um fato até esclarecer.

[32] O nome dos dois crucificados com Jesus não consta nos quatro Evangelhos. Mas no evangelho apócrifo de Nicodemos, escrito provavelmente no século V; o nome dos dois aparece também e com pormenores no apócrifo, bem posterior ao evangelho de Nicodemos, intitulado *Declaração de José de Arimateia*. Ambos os apócrifos foram publicados pela Editora Vozes no livrinho *A Paixão de Jesus nos escritos secretos*, 1989, 110 p.

glória de as padecer seja toda minha, diz o mesmo Cristo, vão-se os discípulos embora: *Sinite hos abire*. Foi lanço[33] de ambicioso de glórias não querer companhia nos tormentos. Vede aonde chegou o amor de Cristo para com os discípulos, e aonde não chegou. Chegou a padecer por eles todas as penas da Paixão, mas a dar-lhes parte dessas penas, não chegou a tanto. Que tenha eu por glória o padecer por meus discípulos, isso sim; mas que os haja de admitir a serem comigo companheiros dessa glória, isso não. Só essa exceção tem a liberalidade de meu amor: *Sinite hos abire*.

Mais. Quando o Senhor mandou a São Pedro que embainhasse a espada, disse: *An putas quia non possum rogare Patrem meum, et exhibebit mihi modo plus quam duodecim legiones angelorum* (Mateus 26,53)? Imaginas, Pedro, que não posso rogar a meu Padre, e me mandará logo do céu mais de doze legiões de anjos? Notável razão! Não estava mais achado[34] dizer Cristo: Embainha, Pedro, a espada, porque para me defender a mim não são necessárias nenhumas armas, e muito menos as tuas? Não vês que só com uma palavra acabo de prostrar por terra meus inimigos? Pois, se esta razão estava tanto à flor da terra, por que vai Cristo buscar outra ao céu? E por que faz menção dos anjos nesta ocasião? Porque, como os anjos costumam assistir e ajudar invisivelmente as ações humanas, soubessem os homens por esta advertência que nem os anjos do céu admitia Cristo à companhia de suas penas. São os anjos impassíveis por natureza, são espíritos que

[33] Ato, impulso, postura.
[34] Fácil, claro, conveniente.

não podem padecer corporalmente, e era Cristo tão amante das penas da sua Paixão, que até dos impossíveis as ciava[35]. Por isto não quis ter anjos por companheiros em sua Paixão, porque ainda que lhe não podiam participar dos tormentos pela paciência, podiam-lhe levar parte da glória pela companhia. Parte da glória de suas penas nem aos anjos a dá Cristo: *An putas, quia non possum rogarem Patrem meum, et exhibebit mihi modo plus quam duodecim legiones angelorum?*

Último encarecimento sobre todos. Antes de expirar na cruz, o Senhor põe os olhos no céu, e diz: *Deus meus, Deus meus, ut quid derelinquisti me?* (Marcos 15,34). Deus meu, Deus meu, para que me desamparaste?[36] Todos perguntam aqui por que razão o Pai desamparou o Filho, e por que quis o Filho que o Pai o deixasse. Mas eu pergunto mais: Por que fez Cristo esta queixa de público? O que passa entre os pais e os filhos – e muito mais se são razão de queixa – não é justo que saia à praça, quanto mais que, onde o Pai era Deus, não lhe era necessário ao Filho falar, para declarar seu sentimento. Pois, por que diz Cristo publicamente que seu Pai o desamparou? Porque quis o Senhor que soubesse o mundo que foi tão só em padecer pelos homens, que nem a companhia de seu próprio Pai aceitou em seus tormentos. A pessoa do Pai e a do Filho nenhuma coisa têm que se não comuniquem, e que não seja comum entre ambos; mas quis Cristo ser tão singular nas penas de sua Paixão, que nem a seu próprio Padre

[35] Ciar: pôr para trás, recuar, recusar.

[36] Vieira traduz o 'ut' latino com 'para que'. Normalmente nossas traduções em português trazem 'por que'. Aliás, o discurso de Vieira, logo depois, dá-lhe também o significado 'por que'. 'Ut' tem ambos os significados.

– da maneira que podia ser – quis ter por companheiro nelas. Tinha Cristo dito pouco antes a seus discípulos: *Me solum relinquatis: et non sum solus, quia Pater mecum est* (João 16,32): ainda que vós fujais todos, e me deixeis só, eu não ficarei só, porque meu Padre está sempre comigo. E para que soubessem os discípulos que, até em respeito do Padre, quis ser só em sua Paixão, por isso disse ao mesmo Padre que o desamparara: *Deus meus, Deus meus, ut quid derelinquisti me?*

Pedis-me doutores que o digam? Mais que doutores vos hei de dar: Davi e Isaías, ambos em pessoa de Cristo. Davi: *Singulariter sum ego, donec transeam* (Sl 140,10)[37]: Achei-me só; e sem achar alguém comigo no tempo em que passei desta vida para a outra. Isaías: *Torcular calcavi solus, et de gentibus non est vir mecum* (Isaías 63,3): Quando fui espremido no lagar de minha Paixão, nenhuma pessoa se achou comigo. Ambos disseram bem, mas melhor Davi. Isaías, fazendo menção dos homens, excluiu só aos homens da companhia de Cristo em sua Paixão: *De gentibus non est vir mecum.* Davi não faz menção de alguém, excluiu a todos: *singulariter sum ego.* E assim foi, porque Cristo na glória de sua cruz não foi só uma só vez, senão três vezes só: só, sem companhia de homens: *Sinite hos abire* (João 18,8); só, sem companhia de anjos: *Exhibebit mihi plus quam duodecim legiones angelorum* (Mateus 26,53); só, sem a companhia do mesmo Deus: *Deus meus, Deus meus, ut quid derelinquisti me?* (Marcos 15,34).

[37] Na bíblia hebraica é o salmo 141,10. Na nova Vulgata, temos: Cadent in retiacula sua peccatores simul, ego autem ultra transeam (os pecadores caem juntos na rede, mas eu passei adiante), o que dá bem outro sentido ao dado por Vieira.

E sobre esta ponderação – oh! assombro da grandeza de Francisco! – naquela glória em que Cristo não admitiu a companhia dos homens nem a dos anjos nem a do mesmo Deus, nessa mesma glória deu tanta parte a São Francisco, que lhe deu suas próprias chagas, que é a principal glória de sua Paixão. Prova? Sim.

Quando Cristo subiu triunfante ao céu, os anjos, que o acompanhavam, disseram aos que estavam de guarda: *Attolite portas, príncipes, vestras, et introibit Rex gloriae* (Salmo 23,7)[38]. Abri, ó príncipes, as portas, para que entre o Rei da glória. Estranharam eles o termo e o nome, e, antes de abrirem, perguntaram: *Quis est iste Rex gloriae?* Este que chamais Rei da glória, quem é? A uns anjos, e por outros, respondeu Santo Agostinho[39] com estas excelentes palavras: *Viderunt caelites cuncti speciosum vulneribus Christum, et admirantes fulgentia divinae virtutis vexilla, talibus concrepant hymnis: Quis est iste Rex gloriae?*[40] Quer dizer Agostinho que a causa por que os anjos chamaram Rei da glória a Cristo é porque lhe viam as cinco chagas abertas. Grande dizer! Cristo, Senhor nosso, no dia de sua Ascensão, ia vestido dos dotes gloriosos, como bem-aventurado que era; mas os anjos não lhe chamaram Rei da glória porque o viram glorioso, se-

---

38 Na bíblia hebraica é o salmo 24.

39 Santo Agostinho (354-430) nasceu em Tagaste, atual Souk-Ahkras, na Argélia, norte da África. Fez estudos superiores. Lecionou retórica e filosofia. Foi batizado adulto por Santo Ambrósio, em Milão. Ordenou-se padre na diocese de Hipona, norte da África, de onde se tornou bispo e regeu a diocese por 35 anos. Um dos autores cristãos que mais livros escreveu. O mais conhecido é o livro autobiográfico intitulado *Confissões*. Foi declarado doutor da Igreja, em 1298. Sua festa se celebra no dia 28 de agosto.

40 Todos os anjos viram Cristo com o tesouro de suas chagas e admirando as marcas reluzentes da força divina, entoaram em coro: Quem é este Rei da glória?

não porque o viram chagado, porque maior glória eram para Cristo e para os anjos os sinais de sua Paixão que os dotes de sua bem-aventurança. E, sendo esta glória das chagas maior glória de Cristo que sua mesma glória, esta glória comunicou Cristo a São Francisco e lhe deu a ele, o que prometeu não dar a outrem: *Gloriam meam alteri non dabo.*

V.

Por que deu o Senhor a São Francisco o que tinha prometido de não dar a outrem? São Francisco por transformação. O que diz a Teologia Mística.

Mas, se Cristo prometeu de não dar sua glória a outrem, como a deu a São Francisco? A palavra de Deus, ou prometendo ou negando, é inviolável; pois, por que deu a São Francisco o que tinha prometido de não dar a outrem? Por quê? Porque São Francisco não era outrem. Parece paradoxo, mas no nosso texto o temos, e entra a segunda cláusula dele.

Si quis vult post me venire, abneget semetipsum: Se alguém me quiser seguir – diz Cristo – negue-se a si mesmo. E que quer dizer negue-se a si mesmo? Quer dizer que cada um há de deixar de ser o que é. Nem eu hei de ser eu, nem vós haveis de ser vós. E assim o fez São Francisco. Negou-se de tal maneira a si mesmo, que deixou totalmente de ser o que dantes era. Pois, se Francisco não era Francisco, que era? Era Cristo. Claramente, por palavras de São Paulo: *Vivo ego, iam non ego* (Gálatas 2,20). Vivo eu, mas não eu: eis aqui negar-se a si mesmo. Eu não-eu. Pois, se vós não sois vós, quem sois? *Vivit vero in me Christus*[41]. Eu sou Cristo por transformação. De maneira que deixou Francisco o que era, e passou a ser o que não era. Por força da abnegação, deixou de ser o que era, deixou de ser Francisco: *Vivo ego, iam non ego*. E por força da transformação passou a ser o que não era, passou a ser Cristo: *Vivit vero in me Christus*. E como Francisco já não era Francisco, senão Cristo, daqui veio que, dando-lhe o Senhor a glória de suas chagas, a não deu a outrem, como tinha prometido: *Gloriam meam alteri non dabo*.

Isto não tem exemplo na terra nem nas coisas humanas: tem-no só no céu, e nas divinas. São Jerônimo[42] entende estas mesmas palavras ditas pelo Padre Eterno: *Gloriam meam alteri non dabo* – e assim ficam muito mais dificultosas. E se não, vede. O Eterno Padre é de fé que dá toda a sua glória ao Filho e ao Espírito Santo. Pois, como diz que não a há de dar a outrem? Porque ainda que o Filho e o Espírito Santo se distinguem realmente do Padre,

[41] Na verdade Cristo vive em mim (ou: Cristo vive verdadeiramente em mim).

[42] São Jerônimo (347-420) nasceu na Dalmácia. Especialista em latim e grego, estudou advocacia e literatura. Deixa tudo, batiza-se e passa um tempo visitando os grandes mestres de espiritualidade. Estuda hebraico e se fixa em Belém. Retorna a Roma em 381, vindo a ser secretário do papa São Dâmaso, sobretudo para responder às muitas consultas feitas por bispos sobre questões exegéticas. Depois da morte de São Dâmaso, retornou a Belém e se pôs a traduzir do hebraico para o latim todo o Antigo Testamento. Aos poucos, sua tradução passou a ser aceita por todas as dioceses e recebeu o nome de *Vulgata*. Sua festa se celebra no dia 30 de setembro. Em homenagem a ele, o último domingo de setembro é dedicado à Bíblia.

são a mesma coisa com ele, porque são o mesmo Deus. E dar a glória a quem é a mesma coisa comigo, não é dá-la a outrem: *Gloriam meam alteri non dabo*. O mesmo digo no nosso caso. Diz Cristo que não há de dar as glórias de sua Paixão a outrem e, contudo, deu-as a São Francisco, porque como São Francisco, por força da abnegação, deixou de ser Francisco, e por força da união, ou unidade, passou a ser Cristo, ainda que Cristo dê a sua glória a Francisco, não a dá a outrem: *Alteri non dabo*.

Cuidareis que são isto pensamentos[43]; não são senão verdades sólidas, e teologia rigorosa. Não a achareis vós nos Vasques[44] nem nos Soares[45] nem nos outros teólogos escolásticos; mas achá-la-eis nos que trataram a Teologia Mística, e muito mais nos que a experimentaram. Lede Dionísio Aeropagita[46], lede Taulero[47],

[43] Opiniões.

[44] Gabriel Vasquez (1549-1604): filósofo e teólogo jesuíta espanhol, chamado por seus contemporâneos de Santo Agostinho espanhol. Quase toda a sua obra foi publicada depois de sua morte e tirada de seus apontamentos como professor.

[45] Francisco Suárez (1548-1617): padre jesuíta espanhol, falecido em Lisboa. Foi filósofo e teólogo. Lecionou em Salamanca, Roma e Coimbra. Sua obra mais conhecida são os *Comentários à Suma Teológica de Santo Tomás de Aquino*. Observem-se as datas dele e de Vasquez. Vieira aportuguesou o nome dos dois.

[46] Dionísio Areopagita é pseudônimo de um sábio teólogo e exegeta do quarto século, cuja identidade ninguém conseguiu até hoje determinar. Teve grande influência intelectual e mística sobre Santo Tomás. *De divinis nominibus* (sobre os Nomes de Deus) é sua obra mais célebre. Dele é também o volume *Sobre a Teologia Mística*.

[47] João Tauler (1300-1361): padre dominicano, nascido e falecido em Estrasburgo. Era místico e fundador de grupos místicos (os Gottfreunde: os amigos de Deus). A ele foram atribuídas muitas obras. A mais conhecida hoje é a coleção de oitenta sermões copiados pelas religiosas atendidas por ele. Morreu em fama de santidade e teve forte influência sobre os teólogos posteriores.

lede Rusbróquio[48], lede Canfil[49], lede Santa Teresa[50], os quais todos querem que esta transformação do homem com Deus seja por união real e verdadeira. E se não, explicai-me bem aquelas palavras de Cristo: *Sicut tu Pater in me, et ego in te, ut et ipsi in nobis unum sint* (João 17,21): Assim como vós, Pai meu, sois uma só mesma coisa comigo, e eu convosco, assim sejam os homens conosco a mesma coisa. Põem os contemplativos cinco graus para subir onde chegou São Francisco: aniquilação, conformidade, transformação, identidade e deificação. Por todos estes subiu Francisco: subiu pela aniquilação, deixando de ser o que era; subiu pela conformidade, conformando-se com a vontade divina; subiu pela transformação, transformando-se em Deus; pela identidade, identificando-se com ele; e pela deificação, ficando endeusado todo, ou ficando todo um Deus. E como era a mesma coisa com Deus e com Cristo, dando-lhe Cristo a sua glória, não a deu a outrem como tinha prometido: *Gloriam meam alteri non dabo.*

[48] João de Ruysbroec (1293-1381): sacerdote belga, místico, fundou um mosteiro contemplativo, raiz de uma congregação religiosa, aprovada em 1350, e da qual foi superior e mestre de noviços por trinta anos. Considerado o maior místico flamengo. Dele temos 11 volumes, todos em torno da mística.

[49] Não conseguimos identificar este autor.

[50] Santa Teresa de Ávila (1515-1582): carmelita espanhola, reformadora de mosteiros, grande mística, doutora da Igreja, contemporânea de outros dois grandes místicos espanhóis: São Pedro de Alcântara (1499-1562) e São João da Cruz (1542-1595). Autora de *O Caminho da Perfeição*, *O Castelo Interior* e *Livro da Vida*. Sua festa se celebra no dia 15 de outubro.

VI.

Dizendo Cristo aos outros que o seguissem, só a São Francisco consentiu que o igualasse. Diferença entre o seguir e o acompanhar a Cristo. O sacrifício de Abraão e o sacrifício e Paixão de Cristo. Por que não permitiu Deus que Isac chegasse a morrer? José, retrato de Cristo vendido, e Lázaro, retrato de Cristo sepultado. São Francisco o retrato ao natural de Cristo chagado.

Daqui se segue – e é a terceira cláusula de nosso texto – que, dizendo Cristo aos outros que o seguissem, só a São Francisco consentiu que o igualasse. Ora, notai! *Tollat crucem suam et sequatur me*: Tome a sua cruz e siga-me. Pergunto: Por que diz siga-me e não diz acompanhe-me? Porque quem segue fica sempre atrás, e quem acompanha bem pode ir igual, e Cristo nas matérias de sua cruz e Paixão, ainda que queria que o seguissem todos por imitação, não queria que alguém se lhe emparelhasse por igualdade. Manda Deus a Abraão que lhe sacrifique seu filho: toma Isac a lenha às costas, sobe ao monte, deixa-se atar para o sacrifício e, quando já o pai ia a descarregar o golpe, diz Deus: *Non extendas manum tuam super puerum* (Gênesis 22,12): Tem mão[51]. Não mates a teu filho. E por que não quer Deus que se execute o sacrifício, que inda agora tinha mandado fazer? Se é porque tinha prometido que em Isac se continuaria a descendência de Abraão, havia mais

[51] Pare, segure a mão!

que ressuscitar outra vez Isac? Pois, se era tão fácil o remédio, por que não quer Deus que Isac morra? Clemente Alexandrino[52]: *Ut primas partes Verbo cederet*[53]. O sacrifício de Abraão era figura do sacrifício e Paixão de Cristo, pois por isso não permitiu Deus que Isac chegasse a morrer, para que nas matérias da Paixão tivesse Cristo o primeiro lugar, e não se pusesse Isac ombro por ombro com ele. Isac levou a lenha às costas, como Cristo levou a cruz; subiu ao monte, como Cristo; deixou-se atar para o sacrifício sem falar palavra, como Cristo; se lhe tiraram[54] também a vida, como Cristo, ficava em tudo com Cristo ombro por ombro. Pois, para que fique atrás, e não iguale, para que siga, e não emparelhe, morra Cristo e ele fique vivo, e falte-lhe da Paixão a melhor parte, que só a São Francisco consente Cristo que o iguale; os demais sigam, e fiquem atrás: *Si quis vult post me venire.*

E se não, respondam-me: Se Cristo queria dar chagas a São Francisco, por que lhe não deu quatro somente, ou por que lhe não deu seis, senão cinco, nem mais nem menos? Porque não só lhe quis dar a imitação, senão a perfeita igualdade. Oh! que grande favor! Quis Deus fazer favor a José de que fosse vendido como Cristo; mas, se bem repararmos, acharemos que Cristo foi vendido por trinta dinheiros, e José só por vinte: *Vendiderunt eum Ismaelitis viginti argenteis*[55] (Gênesis 37,28). Pois, se foi fi-

[52] Clemente Alexandrino (150-215): estudou filosofia grega, converteu-se ao cristianismo, autor de muitas obras, quase todas perdidas. Sobram: *O Pedagogo*, *O Protréptico*, *Stromata* e *Quid dives salvatur*. O *Hino ao Cristo Redentor*, com o qual encerra *O Pedagogo* é dos mais belos poemas da antiguidade cristã.
[53] Para que ceda ao Verbo o primeiro lugar.
[54] Hoje diríamos: tirassem.
[55] Venderam-no aos ismaelitas por vinte moedas de prata.

gura de Cristo e Cristo foi vendido por trinta, por que o venderam a ele por vinte? Ouvi a São Pascásio[56]: *Quia servus non debebat essere pretiosior Domino suo*: porque era servo e não havia de ser igual com seu Senhor. Concedeu-lhe a imitação na venda, mas negou-lhe a igualdade no preço. Falando, porém, determinadamente do mesmo Cristo, quis Cristo fazer favor a Lázaro de que fosse sepultado e depois ressuscitado, como ele; mas Cristo esteve na sepultura três dias, e Lázaro quatro[57]. Pois, se lhe concedeu que ressuscitasse depois de morto, à sua imitação, por que lhe não concede a igualdade nas circunstâncias? Disse-o São Pedro Crisólogo[58]: *Ne aequalis Domino videretur*: porque tivesse diferença o servo de seu Senhor. De maneira que José, figura de Cristo vendido, e Lázaro, figura de Cristo sepultado; mas José vendido por menos dinheiros, e Lázaro sepultado de mais dias, para que um por mais e outro por menos, nenhum igualasse a Cristo. Só Francisco o igualou, porque as suas chagas não foram menos do que as de Cristo, nem foram mais, senão justamente cinco, nem mais nem menos. José foi retrato de Cristo vendido, mas não foi retrato ao natural, porque Cristo foi vendido por trinta dinheiros, e José só por vinte. Lázaro foi retrato de Cristo sepultado, mas não foi retrato ao natural, porque Cristo esteve três dias na

[56] São Pascásio (790-965), conhecido como Pascásio Radberto. Foi monge e abade francês. Famoso por seus escritos eucarísticos. São livros seus: *Livro do Corpo e do Sangue de Cristo, Comentários a Mateus, Sobre o parto da Virgem*. Sua festa litúrgica ocorre no dia 26 de abril.

[57] Jo 11,1-44.

[58] Pedro Crisólogo (406-450): foi escolhido bispo de Ravena, Itália, quando ainda era diácono. Excelente catequista, deixou algumas centenas de catequeses escritas. Ganhou o apelido de 'Crisólogo' (Palavra de Ouro) pela elegância e qualidade de suas pregações. É doutor da Igreja e sua festa se celebra no dia 4 de dezembro.

sepultura, e Lázaro quatro. Só São Francisco foi retrato ao natural de Cristo chagado, porque, se Cristo teve cinco chagas, São Francisco nem mais nem menos teve outras cinco. Francisco igualou, os outros seguiram: *Et sequatur me.*

VII.

Que chagas foram as que Cristo deu a São Francisco? As chagas do corpo e as chagas da alma de Cristo. As chagas do corpo de Cristo espiritualizadas na alma da Senhora, e as chagas da alma de Cristo encarnadas no corpo de São Francisco. Se Cristo imprimiu as chagas na alma da Senhora na realidade de seu coro, por que razão, para as imprimir em São Francisco, toma a transformação de espírito? A impressão das chagas de Cristo em São Francisco por um serafim profetizada pelas Escrituras.

Mas que chagas foram estas que Cristo deu a São Francisco? A pergunta parece mal fundada, mas a resposta vos dirá que fundamento tem. Todos dizem que as chagas que Cristo deu a São Francisco foram as chagas de seu corpo. Eu digo que as chagas de São Francisco não foram as chagas do corpo de Cristo, senão as chagas de sua alma.

Para inteligência deste tão extraordinário pensamento havemos de supor duas coisas: primeiramente suponho que, assim como a humanidade de Cristo se compõe de alma e corpo, assim as chagas de Cristo se compõem de chagas do corpo e chagas da alma. Esta suposição é de São Bernardo[59]: *Judaei non solum manus, sed et pedes et latus quoque et sanctissimi cordis intima furores lancea perforaverunt, quod iam dudum amoris lancea fuerat vulneratum*[60]: As chagas dos pés, das mãos e do lado de Cristo fê-las o ódio dos judeus, mas já as tinha feito o amor dos homens muito tempo antes. O ódio fê-las no corpo, o amor tinha-as feito na alma. Prova o mesmo São Bernardo o novo pensamento com o passo dos Cantares: *Vulnerasti cor meum, soror mea, sponsa. Vulnerasti cor meum* (Cântico dos Cânticos 4,9): Feriste-me o coração, esposa minha – diz Cristo à Sinagoga – feriste-me o coração. Cristo, Senhor nosso, no lado não teve mais que uma chaga; pois, se no lado foi ferido uma só vez, como diz que lho feriram duas? Porque cada ferida de Cristo foram duas feridas, e cada chaga duas chagas, uma que lhe fez o ódio no corpo; outra que lhe tinha feito o amor na alma: *Quid necessarium fuit illud ab inimicis vulnerari, si iam vulneratum est?*[61] –, conclui o mesmo São Bernardo.

[59] São Bernardo de Claraval (1091-1153): Tanto o pai quanto a mãe são venerados como bem-aventurados. Aos 23 anos, com todos os estudos feitos, resolveu tornar-se monge cisterciense. Quatro de seus irmãos (e mais tarde também o irmão menor e o velho pai) e bom grupo de amigos decidiram acompanhá-lo. Tiveram sorte de ter como mestre e abade um santo: Santo Estêvão. Em 1115, foi mandado com outros 11 monges fundar novo mosteiro. Nasceu a Abadia de Claraval. Sob a guia de Bernardo (homem afável, amigo e místico) as vocações se multiplicaram. Forçado a abrir outros mosteiros, chegou a ter mais de 700 monges sob sua orientação. Famoso orador e grande pacificador, deixou numerosos sermões escritos e ao menos 440 cartas. Escreveu vários livros sobre a ortodoxia da fé. Sua festa se celebra no dia 20 de agosto. É doutor da Igreja.

[60] Os judeus feriram não só as mãos, mas também os pés e o lado; a lança feriu o íntimo de seu santíssimo coração, que já antes fora ferido pela lança do amor.

[61] Por que era necessário que fosse ferido pelos inimigos, se já estava ferido?

De maneira que Cristo teve chagas dobradas, umas no corpo, outras na alma.

A segunda coisa que havemos de supor é que as chagas do corpo de Cristo se imprimiram na alma da Senhora[62]. Esta segunda suposição é de Arnoldo Carnotense[63]: *Fugientibus apostolis, in faciem Filii se opposuerat Mater, et gladio doloris animae eius infixo vulnerabatur spiritu, et crucifigebatur affectu: et quod in carne Christi agebant clavi et lancea, hoc in eius mente compassio naturalis et affectionis maternae angustia*[64]. Quer dizer que, fugindo os apóstolos, a Senhora se pôs em pé diante do Filho, retratando-se tão vivamente nele, que ambos estavam crucificados: ele crucificado em carne, ela crucificada em espírito: *Vulnerabatur spiritu et crucifigebatur affectu*. E como os crucifixos eram dois, as chagas também eram duas, ou dobradas, só com esta diferença: que as chagas do Filho faziam-nas os cravos e a lança, mas as chagas da Mãe fazia-as a dor e a compaixão: *Et quod in carne Christi agebat clavi et lancea, hoc in eius mente compassio naturalis, et affectionis maternae angustia*. Prova o mesmo Arnoldo o seu pensamento com a profecia de Simeão: *Et tuam ipsius animam pertransibit gladius*[65] (Lucas 2,35).

---

[62] Nossa Senhora.

[63] Arnoldo (ou Arnaldo) Carnotense é um padre do século XII, autor de um *Tratado sobre as Sete Palavras* e de um *Tratado sobre os Louvores de Maria*. Vieira o cita também no Sermão do Santíssimo Nome de Maria. O padre Eusébio de Mattos, contemporâneo de Vieira, também o cita no *Sermão da Soledade e Lágrimas de Maria Santíssima Senhora Nossa*. Pertenceu à chamada Escola de Chartres, precursora da Escolástica, introdutora do pensamento aristotélico e platônico. Carnotensis, em latim, significa "de Chartres".

[64] Fugindo os Apóstolos, a Mãe se pôs à frente do Filho e foi ferida pela espada da dor que lhe atravessou a alma e a crucificou pela afeição. O que fizeram a lança e os cravos na carne de Cristo fizeram nela a compaixão natural e a angústia de seu afeto materno.

[65] E uma espada atravessará a tua própria alma.

Foi tão aguda a espada da Paixão, que traspassou corpo e alma; mas o corpo estava em uma parte, e a alma noutra, porque o corpo era de Cristo e a alma da Mãe: *Tuam ipsius animam pertransibit gladius.*

De sorte – resumindo todo o discurso – que Cristo tinha chagas da alma e chagas do corpo; e assim como as chagas do corpo as imprimiu na alma da Senhora, assim as chagas da alma as imprimiu no corpo de Francisco. Quis Cristo fazer uma como encarnação e união de suas chagas em duas criaturas dignas de tanto favor: as chagas de seu corpo espiritualizou-as na alma da Virgem Maria, e as chagas de sua alma encarnou-as no corpo de São Francisco. O corpo naturalmente apetece unir-se à alma, e a alma naturalmente apetece unir-se ao corpo. Assim aconteceu às chagas do corpo e alma de Cristo: as do corpo pediam alma, e deu-lhes Cristo a alma de Maria; as da alma pediam corpo e deu-lhes Cristo o corpo de Francisco. Quereis prova? No mesmo caso a temos. Quando Cristo imprimiu as chagas a São Francisco, veio em figura de um serafim. E por que não veio em própria figura? Se para receber as chagas se fez o Verbo homem, por que razão, para as imprimir, se fez Cristo anjo? Mais. Se Cristo imprimiu as chagas na alma da Senhora na realidade de seu próprio corpo, por que razão para as imprimir em São Francisco, toma a transformação de Espírito? A razão é porque Deus, ainda quando obra sobrenaturalmente, usa dos instrumentos mais proporcionados aos efeitos; e, para imprimir chagas no corpo, é mais proporcionado instrumento o espírito, e, para imprimir chagas no espírito, é mais proporcionado instrumento o corpo. Por isso, quando imprimiu as chagas no corpo de São Francisco, veio em figura de um espírito, assim como quando as imprimiu na alma da Virgem, estava em realidades de corpo.

Sim. Mas por que foi este espírito serafim, e não outro anjo das outras jerarquias?[66] Porque as chagas da alma de Cristo fê-las o amor: *Quod iam dudum amoris lancea fuerat vulneratum*. E, como entre todos os anjos, os serafins são os espíritos do amor, ao serafim, e não a outro, competia esta gloriosa execução. Para Deus receber as chagas, tomou a natureza humana, e para as imprimir tomou a natureza angélica, para que, já que a natureza angélica não teve parte na encarnação do Verbo, tivesse parte na encarnação das chagas de São Francisco. E haverá Escritura que nos diga esta mesma impressão das chagas de Cristo, não por outrem, senão por um serafim, que também veremos ser o mesmo de que Deus fiou esta grande obra? Vai a Escritura, e seja a última de tantas, e a mais admirável.

Quando Zorobabel[67], depois do cativeiro de Babilônia, estava reedificando o Templo, revelou-lhe Deus, por um anjo, que naquele mesmo Templo havia de pôr uma pedra tão maravilhosamente lavrada, que levaria após si os olhos[68] e a admiração do mundo, e que a escultura

[66] Desde Santo Tomás de Aquino (†1274) costumam-se citar nove coros de anjos, reunindo os citados na Bíblia em diferentes funções. Formam a hierarquia (ou jerarquia) angelical: Serafins, Querubins, Tronos, Dominações, Potestades, Virtudes, Principados, Arcanjos e Anjos.

[67] Zorobabel foi sob o domínio persa governador de Judá (por volta de 520 a.C.). Foi contemporâneo dos profetas Ageu e Zacarias, que o exortaram a reconstruir o templo de Jerusalém.

[68] Levaria após si os olhos: atrairia os olhos.

desta pedra havia de ser duas vezes lavrada e duas vezes esculpida: *Super lapidem unum septem oculi sunt; ecce ego caelabo sculpturam eius*[69] (Zacarias 3,9). Este é um dos mais dificultosos lugares da Escritura, e o texto original aclara ou escurece mais a dificuldade, porque onde a Vulgata tem *caelabo sculpturam eius*, lê Aquila[70]: *Aperiam aperturam eius*: abrirei as suas aberturas; e Símaco[71] e Teodósio[72]: *Sculpam sculpturam eius*, esculpirei as suas esculturas. Abrir-se e esculpir-se uma pedra, bem se entende; mas depois de estar aberta e esculpida, abrirem-se as mesmas aberturas e esculpirem-se as mesmas esculturas, como pode ser? Saibamos qual era a pedra, e quais eram as esculturas, e logo entenderemos o mistério. A pedra, como declara o mesmo texto, era Cristo: *Ecce enim ego adducam servum meum Orientem, idest Christum* (Zc 3,8). Por isso prometeu o anjo que esta pedra seria trazida ao templo de Zorobabel, e não ao templo de Salomão, porque o templo que estava em tempo de Cristo, e em que Cristo tantas vezes entrou e pregou, não era o templo de Salomão, senão o de Zorobabel. Esta era a pedra. E as esculturas desta pedra, quais eram? Todos os padres e intérpretes respondem, e a mesma experiência o mostrou, que as esculturas da pedra Cristo foram as chagas

---

[69] Sobre a pedra há sete olhos e eu mesmo vou gravar sua inscrição.

[70] Áquila viveu no segundo século. Hebreu de nascimento, converteu-se ao cristianismo. Mas, por causa de suas ideias cabalísticas e de astrologia, foi excomungado e retornou ao hebraísmo. É o mais antigo tradutor do hebraico para o grego, tradução elogiada pelos hebreus por ser quase *ad litteram*, e criticada pelos cristãos por escamotear muitas vezes o sentido da frase.

[71] Símaco é judeu e viveu no final do século segundo. Traduziu para o grego o Antigo Testamento.

[72] Teodósio foi teólogo e exegeta, patriarca de Alexandria. Faleceu em 567. Famoso é seu sermão sobre a Assunção, pronunciado um ano antes da morte. Seus escritos contêm passagens heréticas.

que com os cravos e a lança se abriram e entalharam em seu corpo santíssimo: *Istum lapidem clavis crucis et lancea militi faciam vulnerari*[73] (São Jerônimo). E como as chagas que uma vez se abriram e esculpiram no Monte Calvário, se haviam de abrir e esculpir outra vez no Monte Alverne, por isso diz o anjo que não só se havia de abrir e esculpir a pedra, senão que se haviam de abrir as mesmas aberturas, e que se haviam de esculpir as mesmas esculturas, uma vez abertas e esculpidas em Cristo, outra vez abertas e esculpidas em Francisco. Em Cristo, aberta e esculpida a pedra, em Francisco, abertas e esculpidas as esculturas: *Aperiam aperturam et sculpam sculpturam eius*. E quem foi o anjo que isto disse? Milagroso caso a nosso intento. O anjo que isso disse foi o serafim São Miguel, o mesmo que imprimiu as chagas a São Francisco naquele monte, contemplando a paixão de Cristo, e jejuando uma quaresma em honra de São Miguel[74]; e por isso, com muita razão, foi o mesmo São Miguel[75] o ministro e instrumento que Cristo escolheu e o serafim de que se vestiu para a impressão das chagas. Assim o afirmam e provam graves comentadores do Apocalipse, sobre aquelas palavras: *Vidi alterum angelum habentem signum Dei vivi*[76] (Apocalipse 7,2). E como o mesmo São Miguel, que falava como profeta, era o que havia de fazer

[73] Esculpirei esta pedra com os pregos da cruz e a lança do soldado.
[74] Escreve São Boaventura: "Dois anos antes de sua morte, Francisco foi ao Monte Alverne. Tinha começado, segundo seu costume, o jejum quaresmal em honra de São Miguel, quando começou a sentir-se inundado de extraordinária suavidade na contemplação, aceso da mais viva chama de desejos celestes, cumulado das mais copiosas graças do céu" (*Legenda Maior*, 13,1).
[75] Pressuposição gratuita e retórica do Padre Vieira.
[76] Vi outro anjo, que tinha o selo do Deus vivo.

esta impressão, por isso não só disse que haviam de ser impressas e restampadas aquelas chagas, senão que ele mesmo havia de ser o que as imprimisse: *Ego caelabo sculpturam eius*. Eu, eu sou o que, depois de abertas estas aberturas no corpo de Cristo, as hei de tornar a abrir: *Ego aperiam aperturam*. Eu sou o que, depois de esculpidas estas esculturas, as hei de tornar a esculpir: *Ego sculpam sculpturam eius*.

VIII.

Quantas e quão gloriosas consequências se poderão tirar em assombro das glórias de Francisco? Conclusão.

Oh! quantas e quão gloriosas consequências se poderão daqui tirar em assombro[77] das glórias de Francisco! Mas fiquem para outros, que eu tenho dito mais do que quisera, porque, de tudo quanto ouvistes, não temos nada que imitar. Nas outras festas de santos, concluem-se os sermões com exortar a que os imitemos. Nesta, a que vos hei de exortar? A que peçais a Cristo que vos imprima também as suas chagas? Eis aqui quem é São Francisco, que nem à sua imitação é bem que aspiremos nossos desejos.

[77] Em grande admiração.

Contudo, quero deixar dois pontos à vossa meditação, que são os principais que devemos considerar nestas chagas, enquanto dadas e enquanto recebidas: enquanto dadas, e enquanto chagas de Cristo, considerai quanto amou Deus aos homens; enquanto recebidas, e enquanto chagas de São Francisco, considerai quanto pode um homem amar a Deus. A confusão que daqui devem tirar nossas ingratidões fique ao juízo de cada um. Oh! se o temos, que pasmo será o nosso do imenso que devemos a Deus, e do mal que lhe correspondemos! Não sei que contas havemos de dar a Deus quando nô-las pedir à vista de São Francisco! Estou para dizer que não nos hão de acusar menos, no dia do Juízo, as chagas de São Francisco que as chagas de Cristo. Enfim, Cristo era Deus, e Francisco era homem; e, à vista de tanto dever da parte de Deus, e de tanto poder da parte nossa, não sei que há de ser de nós, que tão pouco fazemos! Valha-nos a graça divina, penhor da glória.

Segundo Sermão do Padre Vieira sobre as Chagas de São Francisco

Sermão pregado em italiano em Roma[78]*,*
na Arquiconfraria das Chagas, em 1672

Adimpleo ea quae desunt passionum
Christi in carne mea (Colossenses 1,24)[79]

I.

Assunto do sermão: São Francisco de Assis, segunda estampa de Cristo crucificado. As vozes e clamores das chagas de Francisco. O monte Alverne e o monte Sinai.

A segunda estampa de Cristo crucificado – que no original toscano se diz, com propriedade e elegância que não cabe na nossa língua: *Il Crocifisso Ristampato* – porventura com maior e melhor novidade da que prometem as se-

[78] O sermão em italiano teve grande repercussão e saiu estampado em Roma, Milão e Veneza ainda em 1672. Foi traduzido para o espanhol e publicado em Madri, Saragoça, Valência e Barcelona. Foi traduzido também para o português, em 1673. Vieira não gostou da tradução, porque foi feita *ad litteram*, isto é, traduziram-se as palavras e não o conteúdo delas, além de o tradutor não respeitar a eufonia linguística. O texto que publicamos foi traduzido pelo próprio Vieira, que mudou algumas citações, algumas figuras de linguagem. O texto em italiano foi publicado, em 1998, pela professora Sônia N. Salomão, acompanhado de um estudo crítico: *Sermões Italianos*, Centro Studi Antonio Vieira, Edizioni Sette Città, Viterbo, pp. 68-97.

[79] Completo em minha carne o que falta à Paixão de Cristo.

gundas impressões, será hoje a matéria de meu discurso. O discurso será meu, as palavras nem minhas nem vossas. Não minhas, porque de língua estranha; não vossas, porque mal polidas e duramente pronunciadas. Mas esta dissonância tão conhecida, a que me obrigastes[80], suprir-se-á com vantagem, e ainda com harmonia, nas mesmas chagas de Francisco que celebramos, se as ouvirdes a elas, e não a mim.

Olhai, senhores[81], para aquelas chagas[82]. Oh! que silêncio! Oh! que vozes! Oh! que clamores! Aquelas chagas abertas são cinco bocas: aquele sangue ardentemente gelado nelas são cinco línguas, que, ferindo os olhos mais cegos, penetram os ouvidos mais surdos. Ou[83] as vejais como chagas de Cristo impressas em Francisco, ou como chagas de Francisco transformado em Cristo, de todo o modo são bocas, são línguas, são vozes. Das chagas de Cristo disse Ruperto[84]: *Quod in Christi corpore plagae, tot linguae*[85] – e das chagas de um pobre chagado

---

[80] Por carta de Vieira, sabemos que foi seu primeiro sermão em italiano. Vieira teria relutado muito em pregar em italiano, mas foi incentivado pelo Padre Geral dos jesuítas, que era então o pregador oficial da Casa Pontifícia e queria Vieira como sucessor.

[81] Por carta do padre Vieira a Rodrigo de Menezes, escrita em outubro de 1672 e a quem manda o sermão em italiano, sabemos que estavam presentes muitos cardeais e parte da Cúria papal, convidados da Arquiconfraria.

[82] Na igreja da Arquiconfraria das Chagas, onde pregou o padre Vieira, no dia 17 de setembro de 1672, havia um grande quadro do pintor Giacinto Brandi (1623-1698), mostrando o momento da estigmatização de São Francisco. A igreja estava ainda em construção. Para sua inauguração, em 1721, esse quadro passou para o museu e no lugar dele se pôs a atual tela de Francisco Trevisani (1656-1746). A igreja da Arquiconfraria se localiza na Via dei Cestari, quase esquina com o Corso Vittorio Emanuele II e é de estilo barroco.

[83] Ou de Cristo ou de Francisco: quer de Cristo, quer de Francisco.

[84] Ruperto de Deutz (1075-1129), monge beneditino belga e abade. Ficou famoso por sua discussão em torno da presença real de Jesus na Eucaristia. Escreveu sobre a Santíssima Trindade, o Ano Litúrgico e explicou os salmos recitados no Ofício Divino.

[85] Quantas são chagas no corpo de Cristo, tantas são línguas.

como Francisco, disse Crisólogo[86]: *Ut in admonendo divites tot essent pauperis ora quot vulnera*[87]. A estas vozes convido hoje, senhores, não os vossos ouvidos, senão os vossos olhos. Quando Deus dava a lei a Moisés no Monte Sinai[88], diz o texto sagrado que o povo todo estava vendo as vozes: *Populus autem videbat voces*[89] (Êxodo 20,18). Notável dizer! O ver é ação dos olhos, as vozes são objeto dos ouvidos; pois, como se viam as vozes? Estava o Monte Sinai ardendo em chamas; estava Moisés transportado em Deus *facie ad faciem*[90]; estava o mesmo Deus, feito escultor, imprimindo caracteres nas tábuas da lei, e à vista de uma visão tão estupenda, saíram os sentidos humanos fora de sua esfera, e viam os homens com os ouvidos e ouviam com os olhos: *Populus autem videbat voces.*

Assim é. Passemos do Monte Sinai ao Monte Alverne[91], que vai o amor de monte a monte. Arde o monte todo em labaredas seráficas: Francisco, arrebatado e extático de face a face com Cristo; Cristo, escultor e impressor divino, estampando nele as suas chagas; Cristo fora de si, transformado em Francisco; Francisco, fora de si, trans-

---

[86] Pedro Crisólogo (406-450): foi escolhido bispo de Ravena, Itália, quando ainda era diácono. Excelente catequista, deixou algumas centenas de catequeses escritas. Ganhou o apelido de 'Crisólogo' (Palavra de Ouro) pela elegância e qualidade de suas pregações. É doutor da Igreja e sua festa se celebra no dia 4 de dezembro.

[87] Para que as chagas do pobre fossem outras tantas bocas que admoestassem os ricos.

[88] Monte Sinai, situado na península do Sinai, no Egito. É um pico de granito de 2285m. Neste monte, segundo a Bíblia (Êxodo 19 e 20), Moisés recebeu as tábuas da Lei.

[89] O povo, porém, via vozes.

[90] Face a face.

[91] Monte Alverne (em italiano La Verna) fica na província de Arezzo, Itália, e tem 1128m de altitude. O Conde Orlando de Chiusi deu o penhasco a São Francisco para nele construir um eremitério. E foi aqui, em setembro de 1224, que São Francisco recebeu as chagas.

formado em Cristo. Saiam logo também fora de si os sentidos, e, transformando-se os ouvidos em olhos, os olhos ouçam e os ouvidos vejam. Os ouvidos, já que não têm de ouvir nas minhas palavras, vejam; e os olhos, já que têm tanto que ver nas chagas de Francisco, ouçam. Os olhos ouvirão bem, vendo bem; os ouvidos verão bem, ouvindo mal. E o que hão de ver e ouvir? O que disse no princípio: a imagem de Cristo segunda vez estampada. Este é o meu assunto.

II.

Por que razão quis Cristo restampar as suas chagas? Os defeitos da primeira impressão das chagas de Cristo emendados na segunda impressão no corpo de Francisco.

Mas por que razão, saibamos, quis Cristo restampar suas chagas? Por que quis fazer esta segunda escultura, e esta segunda impressão delas? A razão está nas palavras que tomei por tema: *Adimpleo ea quae desunt passionum Christi in carne mea*[92] (Colossenses 1,24). Aquele *ad*, no texto original é *re*: reimpleo. Quando a primeira impressão sai defeituosa, faz-se segunda impressão mais correta, em que se emendam os defeitos da primeira. Isso é o que fez Cristo. Tornou a restampar suas chagas em

[92] Completo na minha carne o que falta à Paixão de Cristo.

Francisco, para emendar nesta segunda impressão os defeitos da primeira estampa. *Quae desunt*: eis aí os defeitos; *reimpleo*: eis aí a reimpressão; *passionum Christi*: eis aí as chagas; *in carne mea*: eis aí o corpo de Francisco. Que este lugar se entenda particularmente das chagas de Cristo, e das chagas de Cristo depois de subir ao céu, comunicadas na terra a um substituto do mesmo Cristo, qual era São Francisco, assim o dizem São João Crisóstomo[93] e Teofilato[94]: *Quemadmodum si, duce exercitus abeunte, subimperator in eius locum constitutum vulnera ipsius recipiat*[95].

Mas vejo que me dizem todos: defeitos nas chagas de Cristo? Naquelas chagas de infinito preço, de infinito valor, de infinito mérito, de infinita perfeição, pode caber algum defeito? Primeiramente a palavra não é minha, senão de São Paulo, que falava com muita teologia e com muita reverência. Isso quer dizer: *Ea quae desunt*. E na língua grega, em que São Paulo escreveu, ainda está mais expressa

---

[93] São João Crisóstomo (344-407) estudou eloquência e filosofia, especializou-se no estudo do Evangelho. Foi brilhante advogado. Fez-se eremita. Vários amigos se juntaram a ele. Apontado para bispo, fugiu e se escondeu até que a sede episcopal fosse ocupada por outro. Aos 43 anos ordenou-se padre. Tornou-se conhecido como pregador e defensor dos pobres. Foi feito bispo de Constantinopla em 398, capital do Oriente romano. Dedicou-se à reforma do clero e ao amparo dos estrangeiros e pobres. Seu grande prestígio provocou a inveja dos grandes. Sofreu dois exílios, morrendo no segundo aos 63 anos. Ganhou do povo o apelido de 'Crisóstomo', que significa 'Boca de Ouro'. Seus sermões discorrem sobre quase todos os livros da Bíblia. Foi declarado Doutor da Igreja e sua festa se celebra no dia 13 de setembro.

[94] Teofilato (1050-1127), búlgaro de nascimento, estudou filosofia, foi professor e arcebispo de Achriba, na Bulgária. Publicou comentário aos salmos, aos profetas, aos evangelhos, às cartas paulinas. Embora considerado o melhor exegeta de seu tempo, seus comentários se aproximam muito dos comentários feitos por Crisóstomo. Não estranha, então, que Vieira os cite juntos.

[95] Se o comandante do exército se ausentar, é justo que receba seus ferimentos o subcomandante que assume.

a mesma palavra. Por onde a versão siríaca[96], em lugar de *quae desunt*, trasladou *defectus: Adimpleo defectus passionum Christi*. Pois, que defeitos foram estes das chagas de Cristo? Claro está que não foram nem podiam ser defeitos do original, mas foram defeitos da impressão. Na primeira impressão das chagas de Cristo no Monte Calvário, se bem se consideram todas as suas circunstâncias, achareis que houve três defeitos: um da parte dos impressores, outro da parte dos instrumentos, outro da parte das mesmas chagas impressas. E todos estes defeitos foram corretos e emendados na estampa do Monte Alverne, quando segunda vez se restamparam as mesmas chagas no corpo de Francisco: *Adimpleo ea quae desunt passionum Christi in carne mea*. Agora vos peço atenção.

III.

Primeiro defeito da parte dos impressores das chagas de Cristo. A crueldade e o sacrilégio dos artífices e impressores da primeira estampa, e o amor e inocência do impressor da segunda estampa. O cálix de vinho puro misturado da paixão de Cristo de que fala Davi. As chagas de São Francisco e a instituição do Sacramento. Por que responde Cristo aos anjos, no triunfo de sua Ressurreição, que recebera as chagas na vasa dos que o amavam.

[96] Versão siríaca: tradução feita provavelmente no século II do hebraico para o siríaco (Antigo Testamento) e de grego para o siríaco (Novo Testamento). Esta versão é conhecida como *Peshitta*, que significa versão simples, popular.

Começando pelo primeiro defeito da parte dos impressores: os impressores das chagas de Cristo no Calvário foram os ministros da sinagoga, armados de ódio, de ira, de inveja, de injustiça, de crueldade. E por esta circunstância, de tanta impiedade e horror, a mesma Paixão de Cristo, que da parte do Crucificado era o mais agradável sacrifício, da parte dos crucificadores foi o mais abominável sacrilégio. Este foi o fel do cálix da Paixão: *Dederunt ei vinum felle mixtum*[97] (Mateus 27,34). Da parte do sacrifício era vinho, da parte do sacrilégio era fel, por isso o Senhor não quis beber: *Cum gustasset, noluit bibere*[98].

E como no cálix da Paixão ia misturado o vinho com o fel; como na impressão das primeiras chagas, pela maldade dos artífices, o sacrifício foi misturado com o sacrilégio, o amor com o ódio, e a inocência com o pecado, este foi o primeiro defeito que Cristo quis emendar na segunda estampa. Por isso mudou os artífices, por isso fez que os impressores desta segunda estampa fossem um serafim transformado em Cristo, e o mesmo Cristo revestido de serafim, para que tudo aqui, e de todas as partes fosse amor, e para que nós, que não podemos ver as chagas de Cristo em Cristo, sem horror da impiedade humana, víssemos as chagas de Cristo em Francisco, só com admiração e pasmo do amor divino.

Este digo que foi o pensamento de Cristo e vede se o provo. Morre e padece Cristo no Calvário e, não contente com haver morto e padecido uma vez, torna a renovar a

---

[97] Deram-lhe vinho misturado com fel.

[98] Tendo provado, não quis beber.

mesma paixão e a mesma morte no mistério sacrossanto da Eucaristia. E por quê? O sacrifício da morte de Cristo, uma vez padecido, não bastava para o preço da Redenção, para o remédio do mundo, para a propiciação do Padre, para exemplo e exemplar dos homens? Sim bastava, e sim, bastou. Antes, essa era a diferença do sacerdócio de Cristo ao sacerdócio de Arão, como notou São Paulo: *Hoc enim fecit semel, se ipsum oferendo*[99] (Hebreus 7,27)[100]. Arão, como sacerdote somente homem, multiplicava os sacrifícios como se multiplicavam os pecados, porém, Cristo, que era sacerdote homem e juntamente Deus, que era sacerdote e juntamente sacrifício, que era sacrifício oferecido uma vez juntamente por todos os pecados do mundo, bastou que uma só vez morresse, e uma só vez se sacrificasse: *hoc enim fecit semel, seipsum oferendo.*

Pois, se bastava, e bastou, para remédio do mundo, que Cristo se sacrificasse e morresse uma só vez, por que renova segunda vez a mesma morte e a mesma Paixão no Sacramento? Disse-o admiravelmente o profeta Isaías: *Faciet Dominus in monte hoc convivium pinguium, vindemiae defecatae*[101] (Isaías 25,6), instituiu Cristo em forma de convite o sacrifício de seu corpo e sangue, diz o profeta, e tornou a renovar segunda vez no Monte Sião a mesma morte e o mesmo sacrifício que tinha oferecido no Monte Calvário, para que aquele sacrifício, que lá esteve misturado com fezes, aqui ficasse puro e defeca-

[99] Fez isto uma única vez, oferecendo-se a si mesmo.

[100] No tempo de Vieira a Carta aos Hebreus era atribuída a São Paulo. Hoje, não mais.

[101] O Senhor preparou nesta montanha um banquete de carnes gordas e de vinhos depurados. Note-se que a nova Vulgata (de Paulo VI) traz "convivium vini meri" no lugar de "vindemiaae defecatae".

do: *Convivium pinguium, vindemiae defecatae.* Ora vede. O sangue derramado no sacrifício da cruz era o mesmo sangue puríssimo consagrado no Sacramento; mas esse sangue na cruz esteve misturado, e como envolto nas fezes do ódio, da maldade e do pecado sacrílego dos ministros que o derramaram. Que fez pois Cristo para emendar este defeito? Torna a reiterar, torna a renovar segunda vez o mesmo sacrifício e a mesma morte no Sacramento, sendo o seu amor, e ele por si mesmo, o ministro, para que o sangue, que na cruz, por parte dos ministros ímpios, fora misturado com fezes, no Sacramento se tirasse em limpo, e ficasse totalmente puro e defecado: *Vindemiae defecatae.*

Desejei um santo padre que o dissesse assim, mas dar-vos-ei um autor que vale por todos os padres[102], Davi. Viu Davi a Cristo com um cálix na mão e, com termos dificultosos de entender, diz que este cálix estava cheio de vinho puro misturado: *Calix in manu Domini vini meri, plenus mixto*[103] (Salmo 74,9). Se o vinho do cálix era puro: *vini meri*, como era misturado: *plenus mixto*? E se era misturado, como era puro? Tudo era, porque era o cálix da Paixão de Cristo, o qual foi juntamente puro e misturado; puro, pela santidade e inocência do sangue de Cristo; misturado, pelas fezes do pecado e da maldade

102 Padres da Igreja (também chamados Santos Padres) – São os grandes mestres da fé dos séculos II ao VII. Geralmente se dividem entre os que escreveram em grego e os que escreveram em latim. Entre os primeiros estão: Irineu de Lion, Clemente de Alexandria, Orígenes de Alexandria, Atanásio de Alexandria, Cirilo de Alexandria, João Crisóstomo, Basílio de Cesareia (Magno), Gregório de Nissa, Gregório Nazianzeno e Pedro de Sebaste. Entre os latinos estão: Tertuliano, Cipriano de Cartago, Ambrósio de Milão, Agostinho de Hipona, Jerônimo, Leão (Magno), Gregório (Magno), Isidoro de Sevilha.

103 Vi na mão do Senhor um cálice de vinho puro, cheio de mistura.

dos que o derramaram. Este cálix de sua Paixão viu Davi que tinha Cristo na mão; e que fez o Senhor com ele. Ouvi e plasmai: *Inclinavit ex hoc in hoc, verumtamen faex eius non est exinanita*[104] (Salmo 74,9). O que até agora era um cálix já são dois cálices – como advertidamente notou Eutímio[105] – um o cálix da cruz, outro o cálix do Sacramento, que em substância são o mesmo. Tendo, pois, Cristo em uma mão o cálix de sua Paixão, toma na outra o cálix em que havia de consagrar o Sacramento: *Et inclinavit ex hoc in hoc,* e lançou e passou o cálix da Paixão ao cálix do Sacramento: *Verumtamen faex ejus non est exinanita;* porém ficaram as fezes de fora, porque ficou de fora o pecado e a maldade dos ímpios ministros, para que até aquela parte, que teve na cruz o ódio, tivesse-na no Sacramento o amor.

O mesmo estilo guardou Cristo na segunda impressão das suas chagas. Assim como lá reiterou a sua paixão, e a passou ao Sacramento, assim cá reiterou as suas chagas e as sacramentou em Francisco; e, assim como no Sacramento foi ele e o seu amor o ministro, assim na impressão das chagas foi ele e o seu amor o artífice, para que aquelas cinco brechas da divindade que, abertas no corpo do mesmo Cristo por parte dos executores delas, foram assombradas da fealdade e do horror, purificada esta circunstância no corpo de Francisco, ficassem nele, por outras tantas partes, formosas, e, vistas a todas as luzes, amáveis. Se vos não dais por satisfeitos com a paridade,

[104] Derramou de um para outro cálice, mas não derramou a borra.
[105] Eutímio viveu no século XV, foi patriarca de Tirnovo, na Bulgária, e dedicou-se muito à correção linguística dos textos litúrgicos.

vamos às mesmas chagas, e seja Cristo o intérprete do seu pensamento.

Sobe Cristo triunfante ao céu no dia de sua gloriosa Ascensão, viram os anjos os sinais vermelhos de que ia matizado o sagrado corpo, cuidaram ao longe que eram rubis de estranha formosura, mas, divisando[106] de mais perto que eram chagas, perguntaram admirados: *Quid sunt plagae istae in medio manuum tuarum?*[107] (Zacarias 13,6). Rei e Senhor nosso, que é o que vemos? Isto é o que fostes buscar ao mundo? Isto é o que trazeis de lá? Que chagas são estas? Eu não me admiro do que se admiraram os anjos; admiro-me do que respondeu Cristo: *His plagatus sum in domo eorum qui diligebant me* (Zacarias 13,6): são umas chagas – diz Cristo – que recebi na casa dos que me amavam. Na casa dos que me amavam! Todos estais vendo a dúvida. O Monte Calvário, patente e descoberto, era casa? Os homicidas, ou deicidas desumanos, que crucificaram a Cristo, cheios de ódio, de raiva, de vingança, amavam a quem tiraram a vida? Claro está que não. Pois, como diz Cristo que recebeu as chagas *in domo eorum qui diligebant me*: na casa daqueles que o amavam? Tomara ouvir a resposta, mas eu a darei.

Cristo recebeu duas vezes as chagas: uma vez em carne mortal, outra vez depois de ressuscitado. A primeira vez foram recebidas num monte, por mãos dos que tanto o aborreciam; a segunda vez foram recebidas numa casa, por mãos de seus maiores inimigos[108]. Entrou Cristo a

[106] Vendo, percebendo.
[107] O que são estas chagas na palma de tuas mãos?
[108] Evidente erro da gráfica. Deve ser "por mãos de seus maiores amigos".

portas fechadas na casa onde estavam os Apóstolos, e aí lhe tornou a abrir as chagas da incredulidade devota e amorosa de Tomé: *Infer digitum tuum huc et vide manus meas et affer manum tuam et mitte in latus meum* (João 20,27). Mete essa mão, e vê bem estas chagas de minhas mãos e lado. Esta foi a segunda vez que se rasgaram as chagas de Cristo. Ouvi a São Pedro Crisólogo[109]: *Ea vulnera quae manus infixit impia, devota dextera nunc resulcat: latus, quod impii militis lancea patefecit, refodere manus nititur obsequentis*[110]. E como as chagas de Cristo foram segunda vez abertas naquela casa em que estavam os apóstolos, que tanto o amavam, por isso Cristo disse com toda a verdade: *His plagatus sum in domo eorum qui diligebant me.* Está verificada a proposição, mas a razão não está dada. Se as chagas foram abertas uma vez no Calvário e outra vez na casa dos apóstolos, por que responde Cristo com esta segunda abertura das suas chagas e não com a primeira? Porque, sendo o dia de seus triunfos, e de sua maior gala e majestade, quis acudir pela formosura e pelo decoro das suas chagas; quis honrar as obras com o nome do artífice, por isso calou o ódio e publicou o amor.

As chagas recebidas por mão do ódio, ainda que tão divinas, tinham sombras de fealdade e de horror, porém, recebidas por mão do amor, todas e por todas as partes, eram belas e formosas. Esta foi a razão por que Cristo respondeu: *His plagatus sum in domo eorum qui diligebant me.*

---

[109] Veja nota 9.

[110] As chagas que as mãos ímpias fizeram agora a devota mão (de Tomé) reabre, o lado que a lança do ímpio soldado abriu, a bondosa mão (de Tomé) se estende para reabrir.

E este foi o primeiro motivo por que, transformado em um serafim de amor, tornou a restampar as mesmas chagas em Francisco, suprindo desta forma, na segunda estampa, o erro e o defeito que tinha cometido na primeira o ódio dos impressores: *Adimpleo ea quae desunt passionum Christi in carne mea.*

IV.

Segundo defeito das chagas de Cristo da parte dos instrumentos. Por que se não abrandaram a cruz e os cravos? Os cravos das chagas de Francisco, e as duas pontas que apareceram na cabeça de Moisés. A cruz de barro do profundo, de que fala o Profeta-Rei. Diferenças de um crucificado a outro crucificado.

Da parte dos instrumentos – que é a segunda circunstância e o segundo defeito – também houve muito que emendar na segunda impressão. Os instrumentos com que a primeira vez se imprimiram em Cristo as suas chagas foram os cravos e a lança. Contra estes dois instrumentos tenho grandes queixas. E bem, lenho mais que duro, e bem, ferros mais que de ferro, assim vos atreveis contra vosso Deus, contra vosso criador? Por que vos não abrandastes? Por que vos não rompestes? Por que vos não desfizestes naquela hora? Nos martírios dos defensores deste mesmo Cristo, quantas vezes se romperam os lenhos das rodas e nas catastas?[111] Quantas vezes se fizeram de cera as lanças e as espadas? Mas não quero afrontar-vos com injúrias tão remotas. Neste mesmo dia, e neste mesmo monte e em todo o mundo não tremeu a terra? Não se romperam as pedras? Não se escureceu o sol? Não se rasgou o véu do templo, confessando todas as criaturas que padecia o Autor delas? Pois, a cruz e os cravos, a quem o caso tocava de mais perto, por que se não abrandam? Por que se não espedaçam? Por que não acompanham na dor e no sentimento a toda a natureza?

Este foi o primeiro defeito dos instrumentos na primeira impressão das chagas de Cristo. Mas vede como o emendou Francisco na segunda estampa. Nos pés e nas mãos de Francisco, não só se viam as chagas abertas, mas no meio de cada uma delas estava um cravo, formado da mesma carne, que as traspassava, negro, ou entre negro e azul, da cor do ferro. Mais admiro estes cravos que as mesmas chagas. No crucifixo-Cristo, padeciam as mãos, padeciam os pés, padeciam as chagas; mas os cravos duros e insensíveis não padeciam. Porém, no crucifixo-Francisco, não só os pés e as mãos, não só as chagas em carne viva, mas também os cravos padecem. No Calvário quebraram-se as pedras mostrando dor, mas não tinham dor, porque eram insensíveis; os cravos, mais duros que as pedras, nem tinham dor nem mostravam dor, antes causavam acerbíssimas dores; e porque em Cristo causaram dores, por isso em Francis-

[111] Catasta: instrumento de tortura em forma de leito, com grades, no qual se supliciavam os mártires.

co são capazes de dor. Cravos vivos, cravos sensitivos, cravos racionais, para que, conhecendo a razão de sentir, padecessem a dor e mais a causa. Oh! espírito! Oh! amor mais que miraculoso!

Apreendeu o amor de Francisco tão viva, tão forte, tão dolorosamente o tormento e a ofensa daqueles cravos, que os transformou, e os informou, e vivificou em si mesmo. Não tem parelha[112] esta maravilha; só em Moisés teve uma semelhança. Estava Moisés com Deus naquele monte[113], onde também orou e jejuou outros quarenta dias, como Francisco; revelou-lhe Deus o que passava no campo e no exército, e como lá estava o ingratíssimo povo adorando um bezerro, e publicando a vozes[114] que aquele era o Deus que os libertara do Egito. E que sucedeu a Moisés neste caso? Desce Moisés do monte, olham todos para ele e veem que na testa – fosse a matéria qual fosse – lhe tinham nascido e saído duas pontas[115]: *Ignorabat quod cornuta esset facies sua*[116] (Êxodo 34,29). Pois, duas pontas, e de tão feio nome na cabeça de Moisés nesta ocasião, e não em outra? Sim, porque, como era tão amante de Deus, e tão verdadeiro, zelador de sua glória, transformou em si mesmo os instrumentos das ofensas de seu Senhor.

Como o povo ofendia brutamente a Deus idolatrando, e o instrumento bruto desta ofensa era um bezerro

---

[112] Não há outra maravilha igual.
[113] Monte Sinai.
[114] Aos gritos.
[115] Chifres.
[116] Ignorava que sua face tinha dois cornos. A nova Vulgata traduz assim: Ignorabat quod resplenderet cútis faciei suae (Moisés não sabia que a pele de seu rosto resplandecia)

com duas pontas na testa, foi tal a força da dor, do amor e do zelo de Moisés, que transformou em si e informou e vivificou estes mesmos instrumentos na parte mais sensível de si mesmo: *Quod facies eius esset cornuta*. Ah! Zelador de homens de Deus, mais zelante que Moisés! Ah! Amador de Deus, mais amante que Moisés, Francisco! Do vosso adorado crucifixo disse o profeta: *Cornua in manibus eius*[117] (Habacuc 3,4) – dando esse fero nome àqueles duros cravos; mas porque eles foram duros e feros, vós os transformastes em vós, desafrontando a sua dureza no vosso sentimento, e emendando a sua insensibilidade na vossa dor.

Assim supriu Francisco o defeito dos cravos e assim também o da cruz, que foi o segundo instrumento que concorreu duramente à impressão das primeiras chagas. Notou São Boaventura[118] que os cravos das chagas de Francisco não só lhe traspassavam as mãos e os pés, senão que da parte oposta estavam torcidos, dobrados, e como que rebatidos: *Ipsa vero acumina oblonga, retorta et quasi repercussa*[119]. Grande mistério! Os pregos pregam-se no crucificado, mas não se dobram nem se rebatem senão na cruz; logo, São Francisco era o crucificado e mais a cruz juntamente.

---

[117] Trazia chifres em suas mãos. A citação de Habacuc na nova Vulgata é assim: Splendor eius ut lux erit, radii ex manibus eius: Seu brilho é como a luz, raios saem de sua mão.

[118] São Boaventura de Bagnoregio (1217-1274): nasceu em Bagnoregio, Itália, e morreu em Lion, na França. Padre franciscano. Ministro geral da Ordem. Poeta, teólogo, místico, professor universitário. Criado cardeal e bispo, representou o Papa no Concílio ecumênico de Lion. Morreu na noite do encerramento do Concílio. Foi declarado doutor da Igreja, em 1588. Sua festa litúrgica se celebra no dia 15 de julho. Escreveu duas biografias sobre São Francisco, uma mais extensa, chamada *Legenda Maior*, e outra mais curta, chamada *Legenda Menor*. Vieira cita a *Legenda Maior*.

[119] A cabeça dos cravos era longa, retorcida e como que rebatida.

Mas por que também a cruz? Para emendar o defeito da cruz de Cristo. Na cruz de Cristo padecia o crucificado, mas a cruz não padecia. Por isso Francisco se fez a si mesmo cruz, para ser cruz padecente. Agora, reparai na diferença de uma cruz a outra cruz. Na cruz do Calvário padecia Cristo, porque estava em carne mortal, mas a cruz não padecia, porque era insensível; na cruz de Francisco Cristo não padecia, porque estava já imortal e glorioso, mas a cruz padecia, porque era cruz viva, cruz sensitiva, cruz racional: passível e verdadeiramente padecente. Assim o disse o mesmo Cristo por boca de Davi, gloriando-se não pouco desta nova cruz. Ouvi o passo, em que há muito que ouvir.

Infixus sum in limo profundi, et non est substantia[120]. Fala o profeta literalmente de Cristo, como entendem todos os padres e intérpretes, e diz Cristo que se crucificou a si mesmo no barro do profundo: *In limo profundi*. Já a cruz de Cristo não é de madeira senão de barro. E que cruz de barro, ou que barro feito em cruz foi este? São Bernardo[121] diz que foi o barro de Adão, aquele barro de quem diz o texto sagrado: *Formavit Deus hominem de limo terrae*[122] (Gênesis 2,7). As palavras de São Bernardo são estas: *Fortasse*

120 Estou metido em lamaçal profundo e não encontro ponto de apoio (Sl 69,3. Na Vulgata é o Salmo 68).

121 São Bernardo de Claraval (1091-1153): Tanto o pai quanto a mãe são venerados como bem-aventurados. Aos 23 anos, com todos os estudos feitos, resolveu tornar-se monge cisterciense. Quatro de seus irmãos (e mais tarde também o irmão menor e o velho pai) e bom grupo de amigos decidiram acompanhá-lo. Tiveram sorte de ter como mestre e abade um santo: Santo Estêvão. Em 1115, foi mandado com outros 11 monges fundar novo mosteiro. Nasceu a Abadia de Claraval. Sob a guia de Bernardo (homem afável, amigo e místico) as vocações se multiplicaram. Forçado a abrir outros mosteiros, chegou a ter mais de 700 monges sob sua orientação. Famoso orador e grande pacificador, deixou numerosos sermões escritos e ao menos 440 cartas. Escreveu vários livros sobre a ortodoxia da fé. Sua festa se celebra no dia 20 de agosto. É doutor da Igreja.

122 Deus formou o homem do limo da terra.

crux ipsa nos sumus, cui Christus memoratur infixus. Homo enim formam crucis habet, quam, si manus extenderit, exprimit manifestius. Loquitur autem Christus in psalmo: Infixus sum in limo profundi: limum quidem nos esse manifestum est, quoniam de limo plasmati sumus[123]. De maneira que, quando Deus, tomando a natureza humana, uniu a si o nosso barro, então diz São Bernardo que se crucificou Deus em uma cruz de barro, porque se crucificou no homem. A razão por que não pode subsistir a segunda parte desta interpretação logo vereis. Que cruz de barro foi logo esta?

Digo que foi São Francisco, porque, sendo barro, como os outros homens, foi o barro do profundo: *Infixus sum in limo profundi*. Olhai para todo o gênero humano, para toda esta massa do barro de Adão, na superfície e no alto, estão os soberbos, barro que todo se desfaz em vapores; no meio estão os que não são soberbos nem humildes; no fundo estão os humildes; e no mais profundo deste fundo quem está? Francisco, que foi o mais humilde de todos os humildes. Este barro, pois, do profundo, foi a cruz em que Cristo se crucificou: *Infixus sum in limo profundi*. O mesmo profeta o declarou, ajuntando a diferença individual de Francisco: *Infixus in limo profundi et non est substantia*. Santo Agostinho[124]: *Et non est substantia, id est, non sunt*

[123] Talvez nós sejamos a própria cruz de Cristo, à qual ele foi pregado. Pois, o homem tem a forma de uma cruz. Se ele estender os braços, a figura fica mais clara. Cristo diz no salmo: estou agarrado em lamaçal profundo. Ora, sabemos que fomos plasmados do limo da terra.

[124] Santo Agostinho (354-430) nasceu em Tagaste, atual Souk-Ahkras, na Argélia, norte da África. Fez estudos superiores. Lecionou retórica e filosofia. Foi batizado adulto por Santo Ambrósio, em Milão. Ordenou-se padre na diocese de Hipona, norte da África, de onde se tornou bispo e regeu a diocese por 35 anos. Um dos autores cristãos que mais livros escreveu. O mais conhecido é o livro autobiográfico intitulado *Confissões*. Foi declarado doutor da Igreja, em 1298. Sua festa se celebra no dia 28 de agosto.

divitiae quia ipse ille limus paupertas erat[125]. Substância quer dizer riquezas e bens temporais. Assim se diz do Pródigo: *Dissipavit omnem substantiam*[126] (Lc 15,13). E este barro do profundo em que Cristo se crucificou era tão pobre, que era a mesma pobreza; *Quia ipse ille limus paupertas erat*. Vede se era Francisco, e se é esta a sua diferença individual: *Infixus sum in limo profundi et non est substantia*.

Os que querem engrandecer a semelhança destas duas estampas dizem: despi a Francisco e vereis o Cristo; vesti a Cristo e vereis Francisco. Isso significam aqueles dois braços cruzados, um nu, outro vestido, ambos chagados. Perdoai-me, senhores, não pintais bem, ou trocai os pensamentos. O braço vestido é o do Cristo, o nu é o de Francisco. Por quê? Porque *non est substantia*. A pobreza de Cristo, enquanto exemplar nosso, foi mais conveniente; mas a pobreza de Francisco, enquanto pobreza, foi mais nua e mais pobre, porque Cristo, além do domínio alto de todo o universo, é de fé, e assim está definido, que ou em particular ou em comum, teve domínio de algumas coisas. Mas em Francisco *non est substantia*, porque nem em particular nem em comum teve domínio de coisa alguma. Os vestidos, de que despiram a Cristo na cruz eram de Cristo; a túnica de que está vestido Francisco não é de Francisco. Logo, o braço de Francisco é o braço nu, ou se deve despir também o braço de Cristo. Mas, se ambos nus, ambos chagados, onde acharemos a diferença? Só a fé lha pode achar, e assim o advertiu o mesmo texto.

---

[125] E não tem substância (fundos), isto é, não tem riquezas, porque ele era a pobreza do barro.

[126] Dissipou toda a substância (isto é, toda a sua riqueza).

Infixus sum in limo profundi et non est substantia. Lê o grego: *et non est hypostasis.* A diferença de um crucificado a outro crucificado é que num há união hipostática, no outro não. A humanidade de Cristo, como dizia São Bernardo, foi a cruz de barro em que se crucificou a divindade; e o corpo de Francisco foi a cruz, também de barro, em que se tornou a crucificar a humanidade de Cristo. E para quê? Para suprimir na segunda cruz os defeitos da primeira. Porque a primeira cruz foi uma cruz dura, uma cruz cruel, uma cruz desumana, uma cruz que, mostrando dor e sentimento até às pedras, só ela se mostrou insensível. Seja logo Francisco uma segunda nova cruz, cruz sensitiva e cruz humana, cruz amorosa, cruz crucificada, cruz que tome em si as dores, cruz que não cause as penas, mas as padeça; cruz, enfim, que desfaça e emende os defeitos da primeira: *Adimpleo ea quae desunt passionum Christi in carne mea.*

V.

Terceiro e último defeito das chagas de Cristo: ainda que as chagas dos pés e das mãos foram perfeitas chagas, a chaga do lado, que era a que mais pertencia ao coração, foi chaga imperfeita. Como reparou Cristo o defeito ou a falta de dor da chaga de seu coração? Absalão, figura de Cristo crucificado. Se Absalão era figura de Cristo, e o peito de Cristo foi aberto com uma lança, como se veem três lanças no peito de Absalão? As três lançadas do peito de Francisco. As demonstrações de amor do céu e da terra na Paixão e morte de Cristo, e os extremos do amor de Francisco.

O terceiro e último defeito foi das mesmas chagas impressas, porque, ainda que as chagas dos pés e das mãos foram perfeitas, a chaga do lado, que era a que mais pertencia ao coração, foi chaga imperfeita, e quase não foi chaga, nem Cristo a estimou tal, porque foi chaga sem dor. Na última hora, e quase nas últimas respirações da vida, disse Cristo: *Sitio* (João 19,28). Tenho sede – e disse *sitio*, diz o evangelista, porque sabia o Senhor que já estavam acabando todos os tormentos da Paixão e cumpridas todas as Escrituras: *Sciens quia omnia consummata sunt, dixit: Sitio*[127]. Devagar, Senhor meu: Nas Escrituras está profetizado que haveis de padecer o golpe da lança: *Circumdedit me lanceis suis, convulneravit lumbos meos*[128] (Jó 16,14). Pois, se ainda falta a chaga do lado e a ferida da lança, por que dizeis que está tudo acabado: *Omnia consummata sunt*? Porque a ferida da lança foi ferida que não havia de sentir Cristo, porque a havia de receber depois de morto; e feridas que se não sentem, ainda que sejam no coração, não são feridas. A chaga do lado era chaga sem dor, e chaga sem dor não é chaga. Por isso São João, discreta e advertidamente, não disse que feriram o lado a Cristo, senão que lho abriram, como agudamente notou Santo Agostinho: *Vigilanti verbo usus est, ut non*

[127] Sabendo que tudo estava consumado, disse: tenho sede.
[128] Rodeou-me com suas lanças e feriu minhas costas.

diceret latus eius percussit aut vulneravit[129]. Não disse que a lança feriu o lado, senão que o abriu: *latus eius aperuit* (João 19,34), porque feridas e chagas que não doem não são chagas, são aberturas: *Aperuit.*

Sentiu Cristo tanto este defeito, ou esta falta de dor na chaga de seu coração que não pedindo a seu Padre que o dispensasse de algum outro tormento, só do golpe da lança pediu que o livrasse: *Erue a framea, Deus, animam meam* (Salmo 21,21): Senhor, livrai-me da lança – que me há de rasgar o peito, mas não me há de causar dor. E que respondeu o Padre a esta petição? *Framea, suscitare super pastorem meum et super virum cohaerentem mihi*[130] (Zacarias 13,7). Já que, filho meu, repugnais tanto essa lança, porque não haveis de sentir o golpe dela, eu vos prometo que, assim como vos hei de ressuscitar a vós, ressuscitarei também a mesma lança, e a meterei no peito de um homem muito unido comigo, e pastor de meu rebanho, para que se supra em sua dor a falta da vossa. Já que vós não padecestes a dor da lançada, Francisco a padecerá. Assim foi, e para que o vejais com os olhos, ponde-os naquele galhardo mancebo, suspenso entre o céu e a terra, pendente dos braços de uma enzinha[131], expirante, alanceado, morto. Bem entendeis que falo de Absalão, figura de Cristo ressuscitado, como dizem comumente os intérpretes. Figura de Cristo, porque filho de Davi, figura de Cristo porque o mais for-

[129] Tomando cuidado com a palavra, (João) não disse que (o soldado) furou ou feriu seu lado, mas disse que o abriu.
[130] Ó lança, levanta-te contra o meu pastor e contra o meu ajudante.
[131] Enzinha: árvore da família das castanheiras, também chamada azinheira ou azinheiro.

moso dos homens, porque morto contra o preceito de seu pai e, finalmente, porque Absalão quer dizer *filius patris*, o filho do padre. Nem descompõem o primor da figura os pecados de Absalão, porque Cristo na cruz tinha sobre si todos os pecados do mundo e, particularmente, o da desobediência de Adão.

Só Joab[132] parece que a descompôs totalmente, porque diz o texto sagrado que pregou três lanças no peito de Absalão: *Infixit tres lanceas in corde Absalon* (2Reis 18,14)[133]. Pois, se Absalão era figura de Cristo e o peito de Cristo foi aberto com só uma lança: *Lancea latus ejus aperuit*, como se veem três lanças no peito de Absalão? A segunda lança bem suspeito eu qual foi, porque vejo ao pé da cruz aquela afligidíssima Mãe, a quem disse Simeão: *Tuam ipsius animam pertransibit gladius*[134] (Lucas 2,25). Qual foi logo a terceira lança, e qual o peito que traspassou e feriu? Claro está que foi o peito de Francisco, mas com admirável propriedade e diferença. A lança que abriu o peito de Cristo foi uma só, mas as lançadas foram três: uma em Cristo, outra em Maria, outra em Francisco. A de Cristo feriu o corpo, mas não feriu a alma; a de Maria feriu a alma, mas não feriu o corpo; a de Francisco feriu o corpo e juntamente a alma. Cristo recebeu o golpe, mas não sentiu a dor; Maria sentiu a dor, mas não recebeu o golpe; Francisco recebeu o golpe e sentiu a dor.

---

[132] Joab foi chefe do exército de Davi. Mandou matar Absalão, quando este se sublevou contra o pai Davi. Ele mesmo feriu Absalão com três golpes de lança. Mais tarde, foi assassinado a mando de Salomão.

[133] No tempo de Vieira o episódio vinha contado no então chamado Segundo Livro dos Reis. Hoje esse livro se chama Segundo Livro de Samuel.

[134] Uma espada transpassará tua própria alma.

Mas Francisco meu, segunda estampa de Cristo, não bastará que se conforme a estampa com o original? Se as vossas chagas são sensitivas e racionais, ponhamo-las em razão. As quatro que Cristo padeceu, padecei-as; a quinta que ele recebeu e não sentiu, tende-a embora no peito, mas não a padeçais. Doei-vos com Cristo vivo e doloroso; mas doer-vos também com Cristo morto, quando já não padece nem pode padecer dor? Sim, porque a primeira dor foi compaixão, a segunda é fineza. Mostraram dor, e publicaram sentimento na Paixão e morte de Cristo todas as criaturas insensíveis do céu, e todas as da terra, mas com uma diferença, porventura não advertida. O sol escureceu-se em todas as três horas em que Cristo esteve vivo na cruz; tanto que o Senhor expirou, tirou o capuz o sol, e tornou-se a revestir de luz, e alegrou o mundo como dantes. *A sexta autem hora tenebrae factae sunt super universam terra, usque ad horam nonam*[135] (Mateus 27,45). A terra não o fez assim: enquanto Cristo esteve vivo na cruz estiveram suspensas todas as criaturas do mundo inferior; tanto que o Senhor expirou, treme a terra, quebram-se as pedras, abrem-se as sepulturas, rasga-se o véu do templo: tudo confusão, tudo tristeza, tudo dor, tudo sentimento: *Exclamans voce magna emisit spiritum et ecce velum templi scissum est in duas partes, terra mota est, petrae scissae sunt et monumenta aperta sunt*[136] (Mateus 27,50ss). Pergunto agora: e qual foi a maior demonstração de amor, a do céu ou a da terra? Em gênero de fineza, não há dúvida de que a da

---

[135] A partir da hora sexta (meio-dia) até a hora nona (15h) se fizeram trevas em toda a terra.

[136] Dando um grito (Jesus) entregou o espírito. E eis que o véu do templo se rasgou em duas partes, a terra tremeu, as pedras se fenderam e os túmulos se abriram.

terra. O céu obrou como compassivo, a terra como fina. O céu como compassivo, porque se condoeu com quem padecia; a terra como fina, porque se doeu de quem já não padecia nem podia padecer. Como a terra é a pátria das dores, não é muito que em se saber doer vencesse ao céu.

Mas estes extremos, que entre o céu e a terra estiveram divididos, ambos se uniram e multiplicaram no coração de Francisco, que pode ensinar amor ao céu e à terra. Não se contentou com o conselho do Apóstolo: *Hoc enim sentite in vobis quod et in Christo Jesu*[137] (Filipenses 2,5). Sentiu o que Cristo sentiu, e o que não sentiu também: padecente com Cristo padecente, e padecente com Cristo impassível. Nas quatro chagas padecente com Cristo, porque Cristo as padeceu; na quinta chaga, padecente por Cristo, porque ainda que Cristo a não padeceu, era chaga de Cristo. Este foi o porquê. Mas para quê? Para que a dor que faltou ao lado de Cristo se suprisse na dor do lado de Francisco: *Adimpleo ea quae desunt passionum Christi in carne mea.*

VI.

Qual foi o fim, em respeito de nós, por que tornou a estampar Cristo as suas chagas em São Francisco? A Itália, única nação na qual se verificou o que tinha profetizado a Sabedoria da imagem de Cristo transformada.

[137] Tende em vós os mesmos sentimentos de Cristo Jesus.

Tenho acabado meu discurso, e só quisera que o fim dele fosse o mesmo fim que teve Cristo nesta segunda impressão de suas chagas. Qual foi o fim, em respeito de nós, por que tornou a estampar Cristo suas chagas em São Francisco? Só Roma, como intérprete de todos os oráculos divinos, o podia saber dizer, e ela o disse: *Qui, frigescente mundo, ad inflammanda corda nostra tui amoris igne in carne beatissimi Francisci passionis tuae stigmata renovasti*[138]: Renovou Cristo suas chagas em Francisco para que o mundo, que tanto se vai esfriando, se acendesse no fogo de seu amor. Pois, para acender e inflamar o mundo naquele fogo que Cristo veio trazer à terra, não seriam mais eficazes as chagas do mesmo Cristo? Não, porque as chagas de Cristo, ainda que acendem por uma parte, por outra parte esfriam. Ao exemplo de Cristo posso responder que ele era homem e Deus; mas eu sou homem somente. Esta escusa de nossa fraqueza é a que nos esfria. Mas ao exemplo de Francisco, que era homem como eu, não tenho outra resposta senão arder como ele. São Paulo, que foi o São Francisco do apostolado: *Ego stigmata Domini Jesu in corpore meo porto*[139] (Gálatas 6,17) que é o que dizia? Que imitássemos a Cristo e suas chagas? Não: *Imitatores mei estote, sicut et ego Christi*[140] (1Coríntios 4,16). Não dizia que imitássemos a Cristo senão a ele porque, para imitar a Cristo, podia ter alguma escusa a nossa fraqueza; mas para imitar a Paulo, puro homem como nós, não podemos ter nenhuma escusa. Os raios

[138] Tendo esfriado o mundo, para inflamar os nossos corações no fogo do teu amor, renovaste as chagas da tua paixão na carne do beatíssimo Francisco.
[139] Eu trago em meu corpo as chagas do Senhor Jesus.
[140] Sede meus imitadores, como eu sou imitador de Cristo.

que, despedidos do corpo do sol, não acendem, passados por uma vidraça ferem fogo. Por isso, se entrou Cristo crucificado naquele espelho de Francisco: *ut frigescente mundo, inflammaret corda nostra.*

E se é necessário que a matéria esteja disposta, em nenhuma parte do mundo há mais aparelhadas disposições que nos corações da Itália. Grande caso é, e tão glorioso como grande, que, imprimindo Cristo duas vezes as suas chagas, ou visível ou invisivelmente, ambas estas impressões se fizessem em Itália: as chagas invisíveis em Catarina de Sena[141], as chagas visíveis em Francisco de Assis. Oh! gloriosa nação, escolhida e amada de Cristo, para se transformar nela! Esta é aquela única nação na qual se verificou o que tinha profetizado a Sabedoria da imagem de Cristo transformada: *Imago bonitatis illius et in se permanens omnia innovat et per nationes in animas sanctas se transfert*[142] (Sabedoria 7,26ss). Arda, pois, Itália neste divino fogo e arda Roma que, se a cabeça do mundo arder, todo o mundo, por mais frio que esteja, inflamar-se-á. E, com esta última eficácia de suas chagas, suprirá também Francisco o efeito que ainda falta às chagas de Cristo: *Adimpleo ea quae desunt passionum Christi in carne mea* (Colossenses 12,4).

---

[141] Santa Catarina de Sena (1347-1380): Pertenceu à Ordem Dominicana Secular. Contemplativa, mística, asceta, morreu aos 33 anos. Grande pregadora da reconciliação e da paz. Esteve muito ligada ao movimento de retorno do papado de Avignon, na França, para Roma. Recebeu no dia 1º de abril de 1375 as chagas de Jesus. Está sepultada em Roma, na igreja de Santa Maria Sopra Minerva. Em 1939, foi declarada padroeira da Itália e, em 1970, o papa São Paulo VI a declarou doutora da Igreja.

[142] Imagem da bondade (de Deus) que, permanecendo uma, renova todas as coisas e penetra nas almas santas de todas as nações.

APÊNDICE

Missa da festa da Impressão das Chagas de São Francisco de Assis

Antífona de entrada *(Gl 6,14)*

Quanto a mim, não aconteça gloriar-me, senão na Cruz de Nosso Senhor Jesus Cristo, por quem o mundo está crucificado para mim, e eu para o mundo.

Oração do dia

Ó Deus, para inflamar os nossos corações com o fogo do vosso amor, imprimistes no corpo do seráfico Pai São Francisco os sinais da Paixão do vosso Filho. Concedei também a nós, por sua intercessão, conformar-nos à morte de Cristo, para participarmos da sua ressurreição. Por Nosso Senhor Jesus Cristo, vosso Filho, na unidade do Espírito Santo.

Primeira leitura *(Gl 6,14-18)*

Leitura da Carta de São Paulo aos Gálatas

Irmãos, quanto a mim, que eu me glorie somente na Cruz do Senhor nosso Jesus Cristo. Por ele, o mundo está crucificado para mim, como eu estou crucificado para o mundo. Pois nem a circuncisão nem a incircuncisão têm valor. O que vale é a criação nova.

Sobre todos os que seguirem esta norma, como sobre o Israel de Deus, desça a paz e a misericórdia!

Doravante, ninguém me moleste: eu trago em meu corpo as marcas de Jesus. Irmãos, a graça de Nosso Senhor Jesus Cristo esteja convosco. Amém! *Palavra do Senhor*!

Hino Responsorial *(Gl 2,16.19.20; Fl 1,20-21)*

R. Com Cristo eu fui pregado na Cruz.

V. Assim fomos justificados pela fé em Cristo / e não pela prática da Lei, / porque pela prática da Lei ninguém será justificado.

Foi em virtude da Lei que eu morri para a Lei / a fim de viver para Deus.

Eu vivo, mas não eu / É Cristo que vive em mim.

Cristo vai ser glorificado no meu corpo / seja pela minha vida / seja pela minha morte. / Pois para mim o viver é Cristo e o morrer é lucro.

Aclamação:

Aleluia! Aleluia! Aleluia!

Com Cristo eu fui pregado na Cruz. Eu vivo, mas não eu, é Cristo que vive em mim.

Evangelho *(Lc 9,23-26)*

Proclamação do Evangelho de Jesus Cristo segundo Lucas.

Naquele tempo, Jesus disse a todos: Se alguém quer me seguir, renuncie a si mesmo, tome a sua cruz cada dia e me siga. Pois, quem quiser salvar a sua vida vai perdê-la.

Quem perder a sua vida por causa de mim, esse a salvará. De que adianta a um homem ganhar o mundo inteiro se se perde e se destrói a si mesmo?

Se alguém se envergonhar de mim e das minhas palavras, o Filho do Homem também se envergonhará dele, quando vier na sua glória, na glória do Pai e dos santos anjos. *Palavra da Salvação*!

Sobre as Oferendas

Venha em nosso socorro, Senhor, a intercessão do nosso seráfico Pai São Francisco. Fazei que, pela força deste sacrifício, experimentemos os frutos salvíficos da Paixão do vosso Filho. Por Cristo Nosso Senhor.

Prefácio

O Senhor esteja convosco!
Ele está no meio de nós!
Corações ao alto!
O nosso coração está em Deus!
Demos graças ao Senhor, nosso Deus!
É nosso dever e salvação!
Na verdade, é justo e necessário, é nosso dever e salvação
dar-vos graças sempre e em todo o tempo e lugar,
Senhor, Pai Santo, Deus Eterno e Todo Poderoso, por Cristo Senhor nosso!
Vós exaltastes São Francisco, pelos caminhos da altíssima pobreza e humildade,
à mais sublime perfeição evangélica.
Vós o inflamastes de ardor seráfico, para gloriar-vos,
com o inefável júbilo de seu espírito, em todas as obras de vossas mãos.

E, marcado com os sagrados estigmas, vós o indicastes ao mundo
como fidelíssima imagem de Cristo crucificado, nosso Senhor.
Por meio dele, alegram-se os anjos
e na eternidade adoram a glória de vossa face.
Concedei-nos, Senhor, unir ao seu canto
as nossas humildes vozes no hino de louvor,
cantando (dizendo) a uma só voz:
Santo, santo, santo...

Antífona da Comunhão *(Mt 16,24)*

Se alguém quer vir após mim, negue-se a si mesmo, tome a sua cruz e me siga –, diz o Senhor.

Depois da comunhão

Ó Deus, na vida do nosso Pai São Francisco manifestastes de muitos modos o sublime mistério da Cruz. Concedei-nos a graça de seguir os exemplos de sua piedade e de nos tornar sempre mais fervorosos na constante meditação deste mistério. Por Cristo Nosso Senhor.

Este livro foi composto com as famílias tipográficas Scala Pro e Iskra
e impresso em papel offset 70 g/m² pela **Gráfica Santuário**.